赤ちゃんと家族の
駆け込み寺
「松が丘助産院」が
不安&困ったを解消

世界一安心な

赤ちゃん育て

松が丘助産院顧問　宮川明子
松が丘助産院院長　宗祥子

はじめに

「赤ちゃん育て」はシンプルに肌をくっつけていればいいのです

私たち姉妹がこの松が丘助産院を開院して25年になります。そのきっかけは自分たちの出産と赤ちゃんを育てた経験から。

それまで、児童心理学を研究していた宮川は、アロマテラピーや東洋医学、植物療法研究家となり、母乳ケアと女性の体のための松が丘鍼灸指圧治療室を設立。日本赤十字看護大学や愛育病院などで講師活動を行うなど幅広く活動しました。

公務員として働いていた宗は、36歳で東京医科歯科大学医学部保健衛生学科に入学。助産師の資格を取り、松が丘鍼灸指圧治療室に併設した松が丘助産院を開業しました。

以来2000人以上の赤ちゃんの産声を聞いてきました。さらに、「食の会」や「母乳相談」「産後ケア」など産前産後のお母さんや赤ちゃんがたくさんいらっしゃり、育児に関するさまざまな不安や悩みを伺うことが多くありました。

現代の環境は、残念ながら赤ちゃんを産み、育てるのに適しているとは言い難いものです。そんな中、できるだけ安心して育児を行うために、助産院でお伝えしている赤ちゃんとの暮らしの基本となる情報をまとめました。

成長過程の、特に赤ちゃん時代にいちばん大切なのは触覚、嗅覚、味覚。難しいことはありません。抱っこしてくっついておくだけでいいんです。赤ちゃんは本能的にお母さんやお父さんのにおいや感触が世界でいちばん安心するのです。

「赤ちゃん育て」はとっても楽しいこと 100点でなくていいのです

本来、出産や育児は楽しいものです。しかし今は、「大変だ、大変だ」という情報が多く、自ら複雑にして、疲弊している人が多いように感じます。「こうしなきゃいけない」「こうでなければならない」ということはありません。私たちが師事した母乳育児の第一人者である山西みな子先生の「いいかげんはいい加減」という言葉があります。100点でなくていいのです。まずは50点、それができたら70点を目指しましょう。人の基準でなく、自分軸で物事を考えてください。わがままは「我が儘」。妊娠中からどんどんまわりの人に頼って、「我が儘」に行って欲しいのです。チンパンジーは、一度出産すると何年も妊娠しませんが、人間は産んだ赤ちゃんが一人前にならない時期でも妊娠が可能な体を持っています。それは本来、人間はひとりではなく、みんなで子育てをする生き物だからです。お母さんやお父さんはその主としての存在。孤立した「孤育て」は人間には向きません。「助けて欲しい」「手伝って欲しい」と言える人でいてください。相談できる相手がいるだけで、日々の暮らしは違ってきます。親でもお友達でも役所でもいいのです。

「孤育て」にならない、赤ちゃん育てをぜひ楽しんでください。

松が丘助産院顧問　宮川明子
松が丘助産院院長　宗　祥子

松が丘助産院が赤ちゃん育てで大切にしていること

毎年たくさんの赤ちゃんを取り上げている経験を基に
"世界一安心"に、赤ちゃんの心も体も
健やかに育てるメッセージをお届けします。
赤ちゃんを育てる上で、ぜひ心に留めておいてください。

ママとパパが元気でいること

まずは大人が健やかな日々を過ごしてください。忙しくてイライラしていたり、体調が悪かったり、いろいろなことでの大人の緊張が伝わると、赤ちゃんも不安になるもの。大人が元気でいると、赤ちゃんも元気でいられます。そうするとますます子どもが愛しくなり、子育てが楽しく感じられます。いつもリラックスをして、赤ちゃんを抱っこしてあげてください。

よく泣く子は素晴らしい力の持ち主です

泣きわめく我が子に困るママやパパもいるでしょう。でも泣くということは、人をひきつける、愛情を得る力・求める力があるということ。生き抜く力がある、人を動かす力があるということ。赤ちゃんにとって泣くことは大事なことです。抱きぐせというものはありません。泣いていたらほうっておかず、抱っこしてあげてください。

育児書通りにはいかなくても焦らないで

発育のペースは子どもによってみんな違います。その子のペースで育つもの。月齢によって成長の目安はありますが、2～3か月早いことも遅いこともあるので、それほど心配しなくても大丈夫。気になる場合は専門家に相談してみましょう。

赤ちゃんは話せなくても言葉を理解しています

赤ちゃんは生まれながらにして人格を持っています。言葉がしゃべれないから、理解できないだろうと思わず、新生児のうちから話しかけることが大切。「ちょっとトイレに行ってくるね」「おむつを替えるよ」など、何でもいいのです。病院に行くなど、日常ではない変化があるときは必ず説明してあげてください。日頃から話しかけておくと、コミュニケーションも早くとれるようになります。

子どもには根拠のない自信を身につけさせてあげて

失敗しても親は守ってくれる、親に全面的に受け止めてもらえる、ということを感じ取れれば絶対的な安心感を持ち、それが自信につながります。これは乳幼児期の間に必ず作っておく必要があるもの。この時期に得られた愛情で、生涯を通して安心して生きていけるのです。

ママとパパの役割分担は話し合いを持ちましょう

子育てに積極的に参加するパパが多くなっているのはいいことですね。しかし、そもそものホルモンが違うので、何でも平等にするのは難しいものです。授乳はもちろん、夜中のミルクも男の人にはできません。授乳はママ、その他の家事はパパなど、お互いに心地よく暮らせるよう、話し合って役割分担を決めましょう。赤ちゃんの成長に合わせて、そのつど更新することも大切ですね。

生活変化はひとつずつ実践しましょう

成長段階で、卒乳、保育園に預けるなど、生活に変化は起きるもの。その変化がときには赤ちゃんにとって大きなストレスになることもあります。赤ちゃんにストレスがかかることは、いっぺんにせず、赤ちゃんの様子をしっかり見ながら、ひとつずつ。大人が言葉で赤ちゃんに伝えることも大切です。

まずは大人が規則正しい生活を

赤ちゃんが昼夜逆転して困ることはよくあります。解決するには、大人の生活リズムを正すことです。朝は朝日を浴びて、夜はきちんと眠る、体にいい食事をみんなで食べる、そんな生活を親子で実践してください。それだけで、子どもが落ち着いて育てやすくなることも多いですよ。

インターネットには本当に欲しい情報は載っていません

インターネットにはたくさんの情報があふれています。その情報にまどわされないようにして欲しいのです。ネットで手軽に得られる情報より、実際に体験した話のほうが、心に響いて身になります。助産師などの専門家や親や親せき、近所の人、先輩ママなどの子育て経験者に、ぜひ生の声を聞いてみてください。

子育てはひとりでしない

子育ては共同作業だと考えています。人に頼ることも頼られることも大事なこと。妊娠中から産後のことを考えての準備も大切です。保育園など預けられる場所を探したり、ファミリーサポートや産後ケアについて調べてみましょう。「孤育て」でなく、みんなの手を借りて育てて。

人と違うのは素敵なこと

我が子がみんなと同じことができなくても、親が自信をなくしたり、悲しくなったりする必要はありません。赤ちゃんはみんな違っていい。子どもが成長したら、その違うことをどう生かすかが大事です。みんなとの違いを見つけて、それを喜べる親になりましょう。

食べることの大切さ

生きるために欠かせないのは、食べること。食事がよければ、健康で元気でいられます。母乳はママが食べたものがそのまま赤ちゃんの栄養になりますね。ご飯と野菜たっぷりの食事を摂っていればおいしいおっぱいになり、赤ちゃんは元気で落ち着いた子になります。ごはんを食べられるようになったら、赤ちゃんにもよい食事をさせてあげてください。難しいことはありません。大人と同じものを食べやすくつぶしてあげればいいのです。

忙しいときほど立ち止まって

毎日が忙しく、子どもを「早く早く」と急かしてしまうことがありますね。家事ができずに家が散らかってしまっても、子どもとたっぷり遊んで心が満たされることのほうが大切。子育て期間は意外と短いもの。立ち止まって、何が大切か、時折考えて欲しいのです。

頑張ろうとしたその意欲をほめて

ほめることは大事だけれども、ただほめればいいということではありません。できたことをほめるのはもちろん、失敗しても頑張ろうとした意欲をほめてあげてほしいのです。認めてもらっていることがわかれば、子どもは満足して、また明日から頑張れます。

もくじ

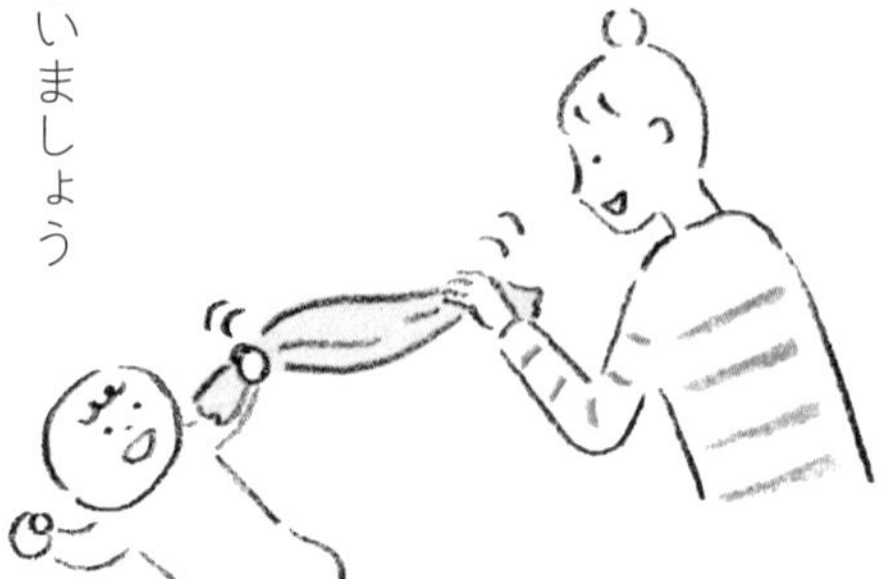

2、母乳育児とおっぱいのケア

3、赤ちゃんごはん

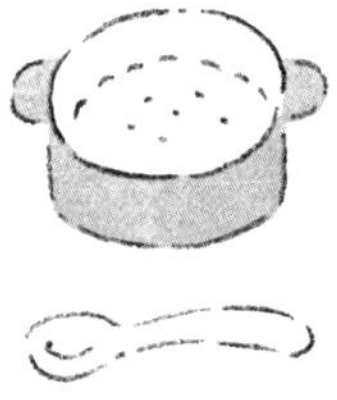

4、

症状別 ナチュラルホームケア

この本の注意事項

- 本書で紹介している内容は医療行為を目的としたものではありません。症状や疾患のある場合は医師の指示に従ってください。
- 本書で紹介されている体操、ホームケアは自己責任において体に無理のない範囲で行ってください。
- はちみつは1歳未満には与えないでください。また、食品は赤ちゃんに食物アレルギーがないことを確認してから与えてください。
- 精油、キャリアオイル、その他の商品は注意事項をよく読み、十分な注意のもとに使用してください。精油は直接肌につけないようにしてください。
- 赤ちゃんごはん（P80～85）のレシピは『世界一簡単な赤ちゃんごはん』より抜粋したものです。

1.

月齢別
体と心の発育・発達

驚くほどのスピードで成長するのが赤ちゃん期。ここでは0か月から3歳までの体と心の発達をご紹介します。松が丘助産院での経験を基にした赤ちゃん育てのアドバイスをまとめました。なお発達には個人差があるので、多少早くても遅くても心配はいりません。

赤ちゃんの体と心の発達表

いつくらいから、どんなことをするのかを示す体と心の成長のグラフです。発達時期は多くの赤ちゃんができる目安で、個人差があるので、多少早くても遅くても心配はいりません。

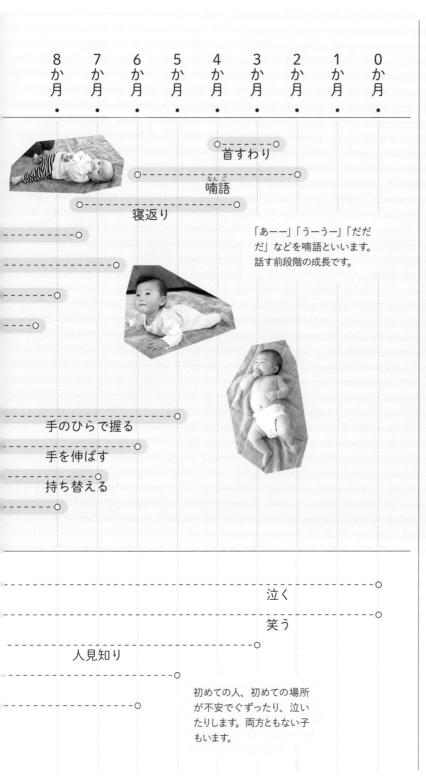

0か月・1か月・2か月・3か月・4か月・5か月・6か月・7か月・8か月・

体の発達

首すわり

喃語《なんご》

寝返り

「あーー」「うーうー」「だだだ」などを喃語といいます。話す前段階の成長です。

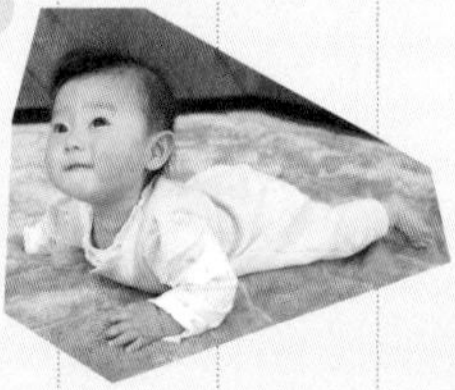

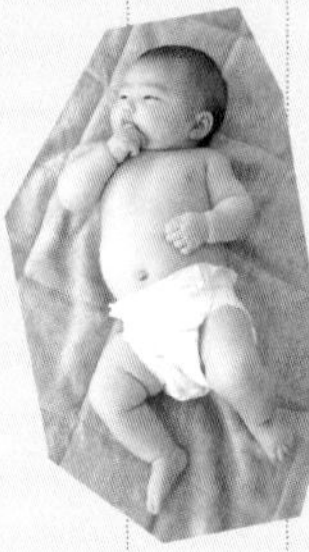

手のひらで握る

手を伸ばす

持ち替える

心の発達

泣く

笑う

人見知り

初めての人、初めての場所が不安でぐずったり、泣いたりします。両方ともない子もいます。

9か月・10か月・11か月・1歳・1歳1か月・1歳2か月・1歳3か月・1歳4か月・1歳5か月・1歳6か月・2歳・2歳6か月・3歳

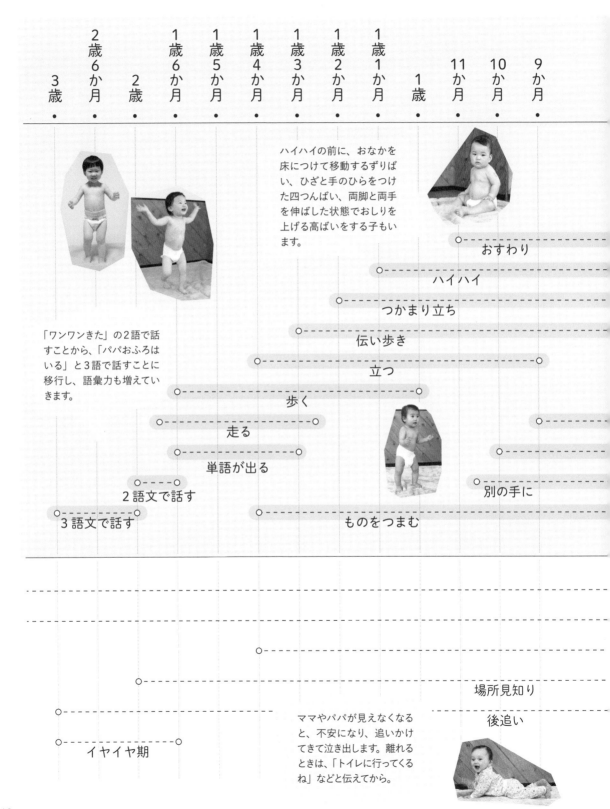

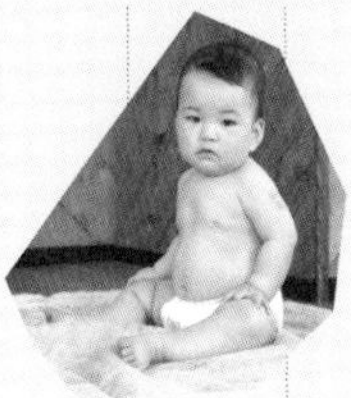

ハイハイの前に、おなかを床につけて移動するずりばい、ひざと手のひらをつけた四つんばい、両脚と両手を伸ばした状態でおしりを上げる高ばいをする子もいます。

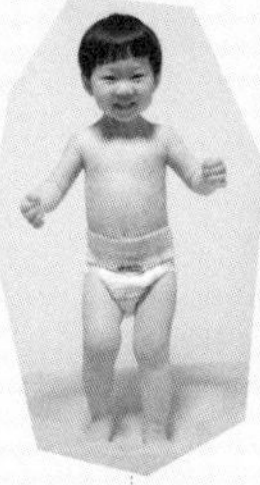

おすわり

ハイハイ

つかまり立ち

伝い歩き

立つ

歩く

走る

単語が出る

別の手に

ものをつまむ

「ワンワンきた」の2語で話すことから、「パパおふろはいる」と3語で話すことに移行し、語彙力も増えていきます。

2語文で話す

3語文で話す

場所見知り

後追い

イヤイヤ期

ママやパパが見えなくなると、不安になり、追いかけてきて泣き出します。離れるときは、「トイレに行ってくるね」などと伝えてから。

0か月

0 month

赤ちゃんの「ちょうだい」を満たすのが赤ちゃん育ての第一歩

生まれたての赤ちゃんにとって おなかの外の環境に 慣れる大切な期間

出産を経て、ママとパパにやっと会えた赤ちゃん。ママの体から離れ、おなかの中とは違う環境で過ごすことに慣れていくのが、生後4週間までの新生児期です。この時期の赤ちゃんの目は20～30㎝先がぼんやり見えている程度、耳はおなかの中にいるときから聞こえています。体温は37℃前後と大人より少し高い平熱で、腹式呼吸をしているので、おなかがぷっくりとしているのが特徴。新陳代謝がさかんなので肌はとても汗っかきで、おしっことうんちの回数がとても多いです。

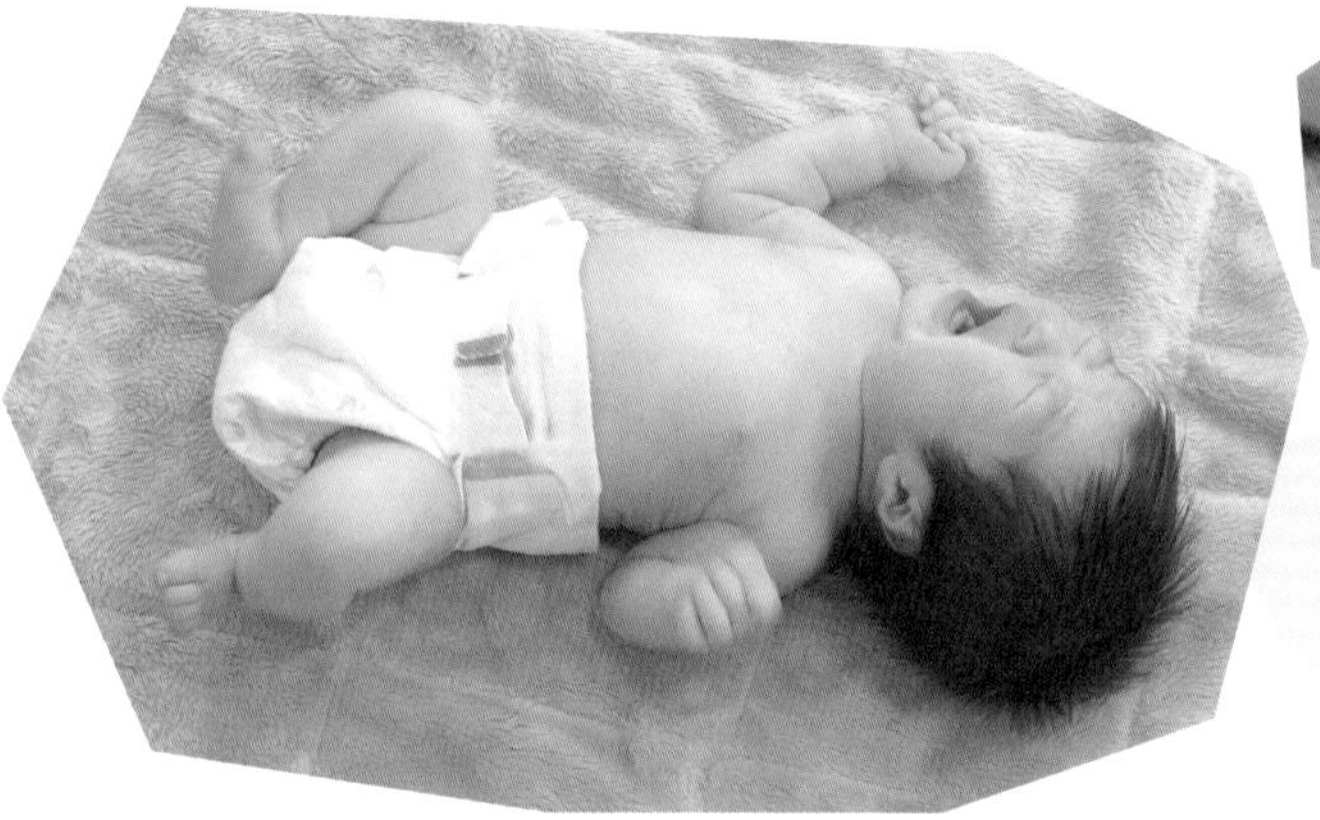

都季《とき》ちゃん
体重 3232g
身長 49cm

0 ～1か月未満の平均体重＆身長

	男の子	女の子
体重	2100~5170g	2130~4840g
身長	44.0~57.4cm	44.0~56.4cm

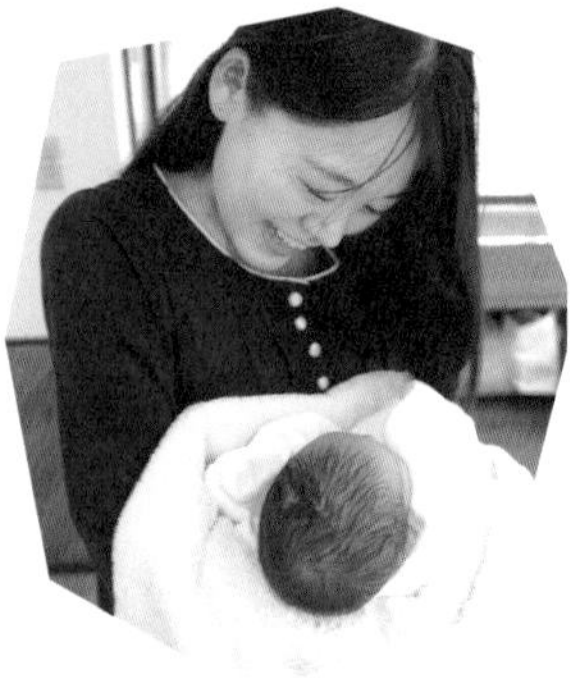

新生児期は一日のほとんどを寝て過ごします。ママも体を休めることを心がけて。

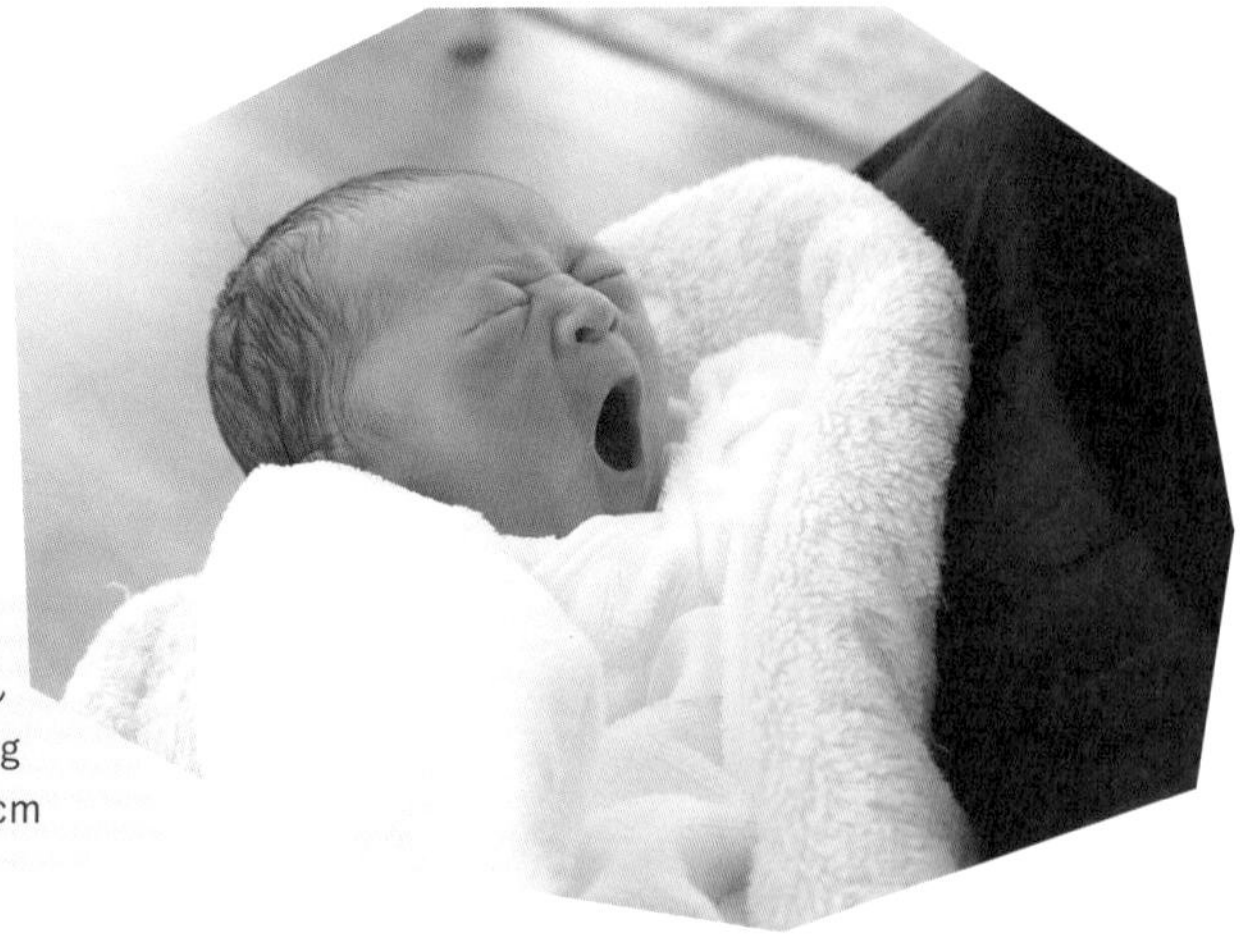

眞仁《まなと》ちゃん
体重 2832g
身長 48.5cm

カンガルーケアと初乳どちらも素晴らしいもの

松が丘助産院では赤ちゃんとママの心と体のために、出産直後にカンガルーケアと初乳を飲ませることをすすめています。カンガルーケアはママの裸の胸に抱っこすることで、ママの菌で赤ちゃんの全身を覆い、**ほかの菌からの感染を防いでくれます。**初乳は少し色が濃く、免疫物質が含まれており、赤ちゃんのおなかの中に正常細菌がつくとてもよいもの。**1滴でもいいので飲ませて欲しい**と思うのです。

おっぱいと抱っこは欲しがるだけ

生まれてすぐの赤ちゃんが優れているのは、口のまわりの感覚。まだ体の先端までは感覚が行き届いていません。成長をするにつれて、口↓首↓その下へと感覚が段々と下りていきます。おっぱいを飲む味覚、ママのにおいを嗅ぐ嗅覚、くちびるで触れる触覚を刺激することができる、母乳育児はいいことずくめ。まずは口元にストレスがないことが大切で、**おっぱいは欲しいときに欲しいだけ**あげるようにしてください。また抱っこも同様で、**とにかくたくさん抱っこして**あげて欲しいのです。

新生児のうちから生活リズムをつけましょう

生まれたての赤ちゃんは昼夜の区別がついていないといわれますが、私たちの経験では区別がついている子もいます。**朝は朝らしく、夜は夜らしく**がキーワード。朝起きたらカーテンを開けて一緒に朝日を浴び、夕方になったら静かな空間を整え、8時までに寝かすように心がけましょう。**規則正しく生活する**ことで、赤ちゃんの成長ホルモンの分泌を促すことができます。また妊娠期のママの生活リズムも影響するので、注意しましょう。

原始反射はこの時期ならでは

代表的なのは、大きい音がすると**両手を広げて体全体がビクッとなるモロー反射**や、手のひらや足の裏に**指やものなどが触れるとぎゅっと握る把握反射**。モロー反射は少しの音でも反応する敏感な子がいますが、4か月くらいになるとなくなっていきます。また新生児が心地よいから、**楽しいからという理由で笑うことはあるように感じています。**ぜひ楽しませて、赤ちゃんを笑顔にしてあげてください！

赤ちゃんの「遊び」

まだおもちゃはいりません

生まれてすぐの赤ちゃんに、おもちゃを与える必要はありません。また、電子音やテレビの音など、刺激のある音はなるべく遠ざけて。必要なのは、ママやパパが話しかける声などの自然な音。さらには手をやさしくたたく音だけでもいい刺激になりますよ。

新生児時期はどんなふうに過ごすの？

親子で生活リズムを徐々に作ります

この時期の赤ちゃんは、おっぱい、ねんねを繰り返して、一日を過ごしています。「2〜3時間寝ては起きる」を繰り返し、合計で16〜17時間寝ています。その日の体調や個人差がありますが、おしっこは1日に10〜15回、うんちは1日に1〜7回。赤ちゃんのねんねとおっぱい、沐浴、ママとパパのタイムスケジュールを考慮して、**徐々にママと赤ちゃんの生活リズムを整えましょう。**ママもパパもできるだけよく眠り、朝にはきちんと起きる毎日を心がけます。

新生児のある一日

AM	5	ねんね	
	6	おっぱい	パパママ 起床・朝食
	7		パパ 出勤
	8	ねんね	
	9		
	10	おっぱい	
	11	ねんね	ママ 昼食
	12		
PM	1	おっぱい	
	2	ねんね	
	3		
	4	おっぱい	
	5	ねんね	ママ 夕食
	6	沐浴	パパ 帰宅
	7	おっぱい	寝かしつけ ママも就寝 パパ 夕食
	8	ねんね	
	9		
	10	おっぱい	
	11	ねんね おっぱい	パパ 就寝
AM	0	ねんね	
	1		
	2		
	3		
	4	おっぱい	

お昼寝で寝かせるときは

背中にタオルをかませたり、授乳U字クッションを使って、吐きもどしたミルクで窒息しないように少し横にして寝かせて。また危険なものをまわりに置かないようにしてください。

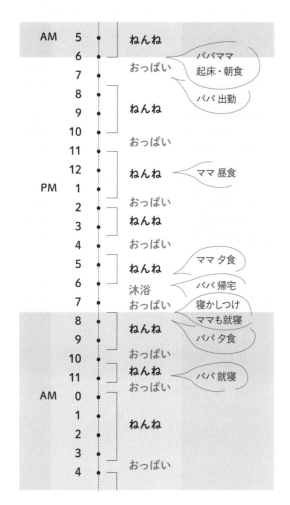

添い寝ガードで安全を確保

同じ布団で寝ることは、赤ちゃんとママがお互いを感じられて安心できていいことです。押しつぶさないように、ベッドインベッドや添い寝ガードと呼ばれる専用のものを使うと安心ですね。

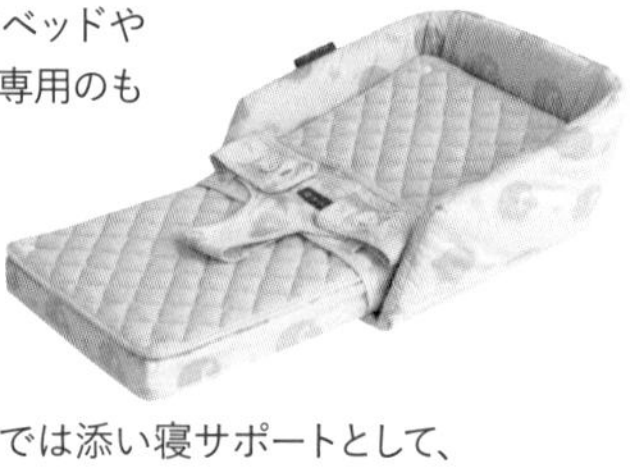

おすすめのアイテム

新生児から4か月ごろまでは添い寝サポートとして、腰がすわってきたらお座りサポートとして、椅子に座れるようになったらお食事シートとして、形を変えながら、長く使えます。折りたたむと持ち運びに便利。
約 W40xD70xH17cm（使用時）、マット／傾斜クッションの詰めもの以外は洗濯可能。ファルスカ ベッドインベッド Flex ／グランドールインターナショナル

おむつについて

紙と布、併用しても

今は紙おむつが進化していていてとっても高機能。ただ、赤ちゃんの感覚が鍛えられるという意味では昔ながらの布おむつもおすすめです。家では布おむつ、出かけるときや夜長く眠るとき、忙しいときは紙おむつと自分のライフスタイルに合わせて使い分けてもいいでしょう。

［布おむつ］

基本的にそろえるものは、おむつカバーと輪おむつまたは成形おむつ。カバーとおむつが一体型になっているものもありますね。肌にやさしく、ゴミが出ないのがいいところ。おむつカバーをサイズアップすれば、おむつ自体は大きくなるまで使いまわせるので、経済的なのもメリットです。ぬれた不快感があるので、おむつはずれが早いともいわれていますよ。

［男の子］

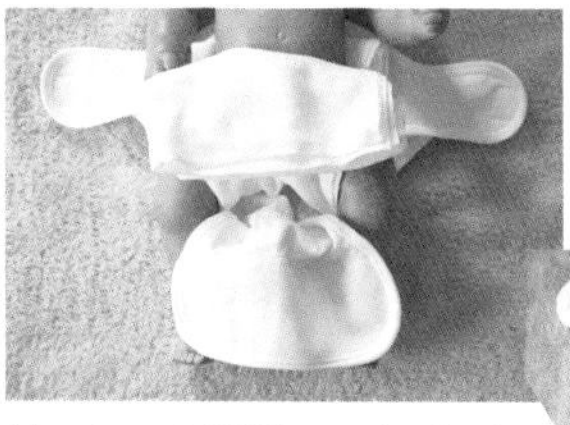

輪おむつを縦横に一度ずつ折って長方形にし、おむつカバーに重ねます。男の子の場合、性器に触れる部分が厚くなるように、何度か折りたたんで重ねます。

［女の子］

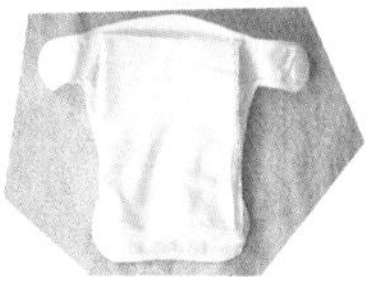

女の子の場合はおしりから背中にもれ出さないようにするため、縦に置いた上部が厚くなるように重ねます。

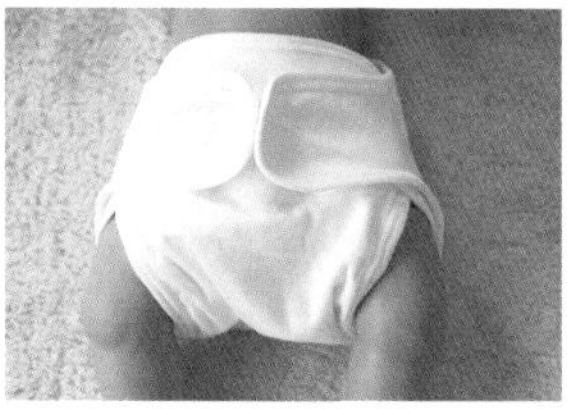

男女ともに、おむつがはみ出ているともれるので、おむつカバーの中にしっかりと収めましょう。

布おむつの洗い方

うんちのときは、うんちをトイレに流します。紙おむつも同様に。

おむつ専用のバケツを用意し、水2Lと重曹大さじ1杯を入れてよく溶かし、布おむつを入れます。汚れがひどい場合は、手洗いしてから漬けおきしましょう。

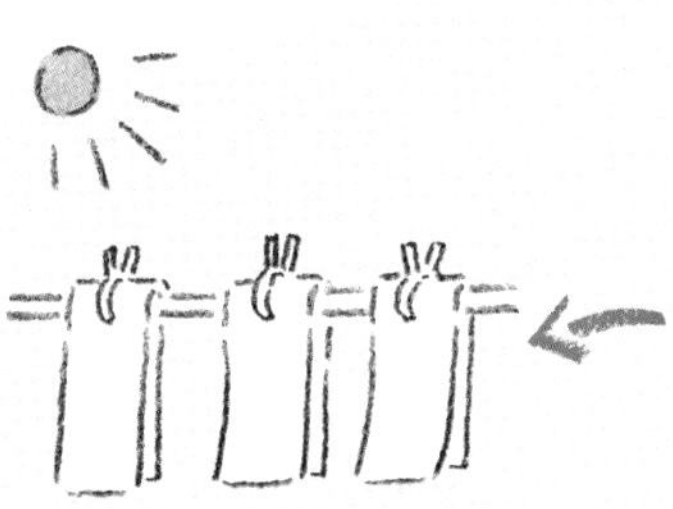

おむつカバーとともに、1日分のおむつを洗濯機でまわします。外に干して太陽に当て、しっかり乾かしましょう。

無理なく楽しむ沐浴

生後1か月までは沐浴で

新生児は抵抗力が弱いため、衛生面を考えて、生後1か月くらいまではベビーバスなどで5分程度を目安に沐浴をします。赤ちゃんの体温は36・5〜37・5℃、38℃を超えた発熱時は控えましょう。お湯の温度は夏は38℃、冬は39〜40℃を目安に。温度計を使う場合も、必ず手で温度を確認してください。

忙しくない&ラクな時間に入れて問題ありません。**ママや赤ちゃんの体調が悪いときは、無理に入れなくても大丈夫。**沐浴中に泣き出した場合でもあわてずに。気持ちよくて泣きやむことも多いですし、眠ってしまってもOK。1か月を過ぎたら、大人と一緒に湯船に入れます。

目的

◎体をきれいにする
◎血行をよくして、新陳代謝を活発にする
◎裸にして、体に変化がないか観察する
◎ママやパパとのスキンシップ

用意するもの

- □ ベビーバス
- □ 洗面器
- □ 着替え&バスタオル
- □ おむつ
- □ ガーゼ&沐浴布
- □ 綿棒&おへその消毒液&ブラシ
- □ 温度計
- □ ベビー石鹸
- □ ベビーローション

おすすめのアイテム

新生児から使える低刺激で、赤ちゃんの肌に不要な成分が入っていないのがうれしい。全国300か所以上の助産院で選ばれています。

ママ&キッズ　ベビーミルキーローション／ナチュラルサイエンス

衣類が2枚以上になるときは、ウェアに短肌着の腕を通して、すぐに着せられるようにセットします。おむつも広げて、その上に体を拭くためのバスタオルを重ねておきます。大人は袖をまくり、髪の長い方は結びましょう。

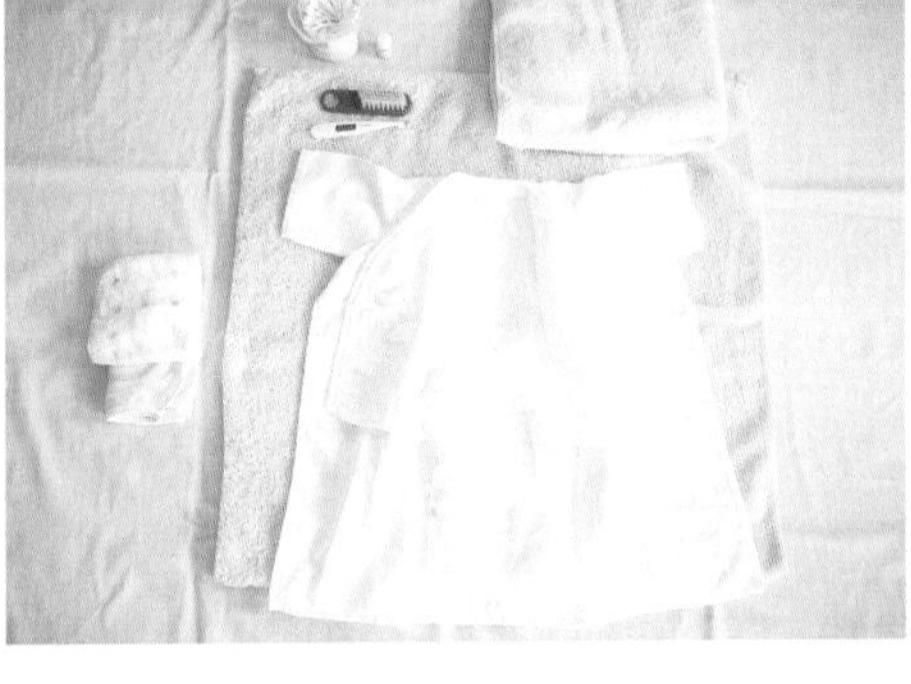

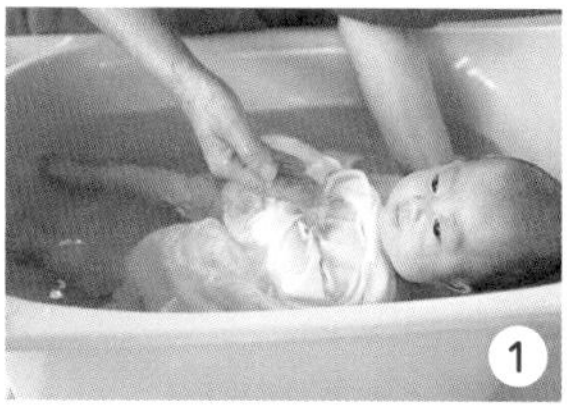

服を脱がせ、赤ちゃんが怖がらないように体を沐浴布でくるみましょう。お湯が入らないように、耳をふさぎながらベビーバスに入れます。

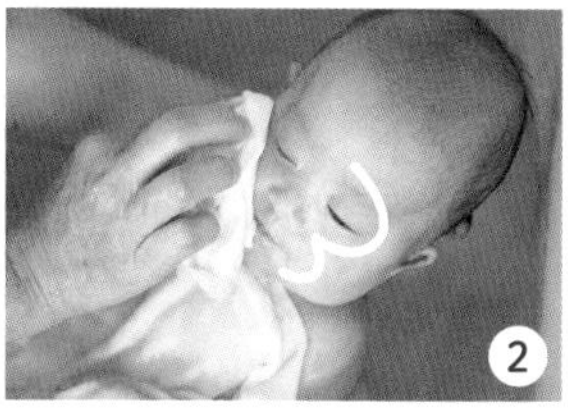

ぬらしたガーゼでやさしく顔を拭きます。目頭から目尻に向かって拭き、顔は「3」を書くようにします。拭くたびにガーゼの面を替え、いつもきれいな面で。

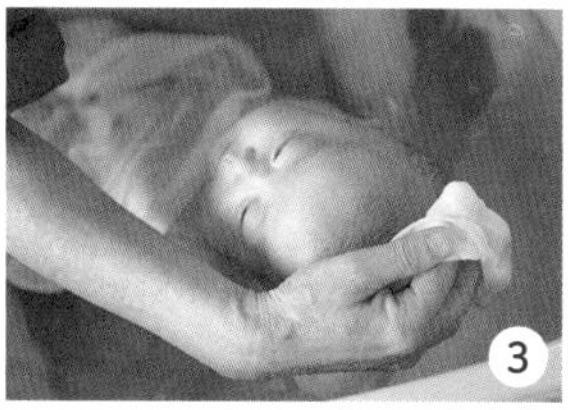

泡立てたベビー石鹸を手で頭と体につけ、全体をガーゼで洗い流します。

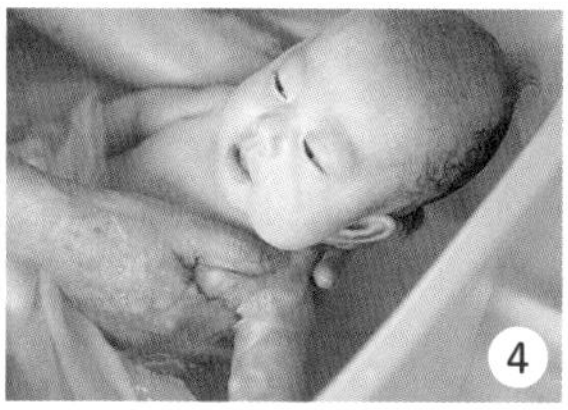

首元、わきの下、鼠径部、ひざの裏、足首の付け根など、皮膚と皮膚が重なるところは、汚れが特にたまりやすいのでよく洗いましょう。

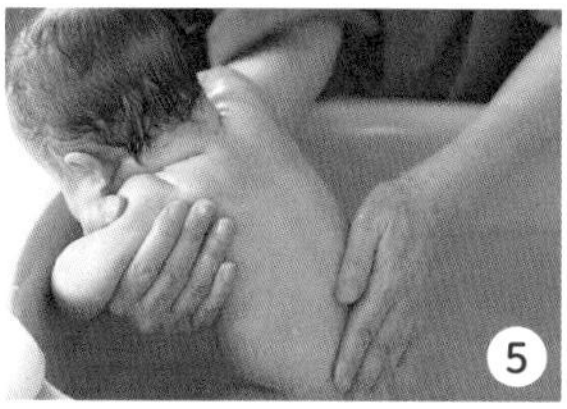

脇の下に手を入れ、うつぶせにします。このとき、背中の肌の状態もチェックしながら、同様にして背中も洗います。

きれいな湯でかけ湯をして、赤ちゃんをベビーバスから出し、準備したバスタオルに寝かせます。

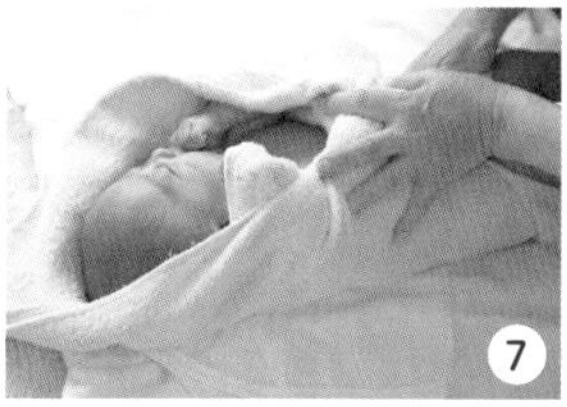

やさしく押さえるようにして、体を拭きます。ゴシゴシこすらないように。

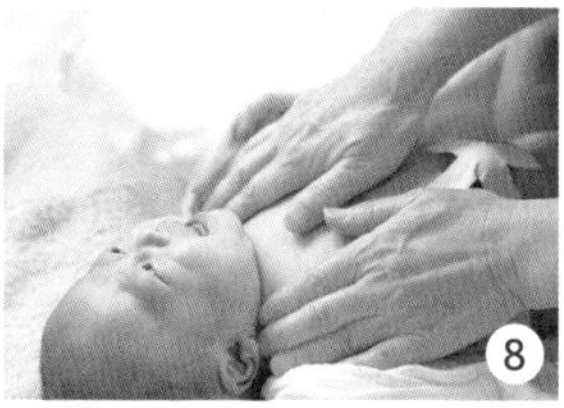

肌はベビーローションで保湿します。おしっこをしてしまうことがあるので、おむつをしてから、おへその消毒をしましょう。

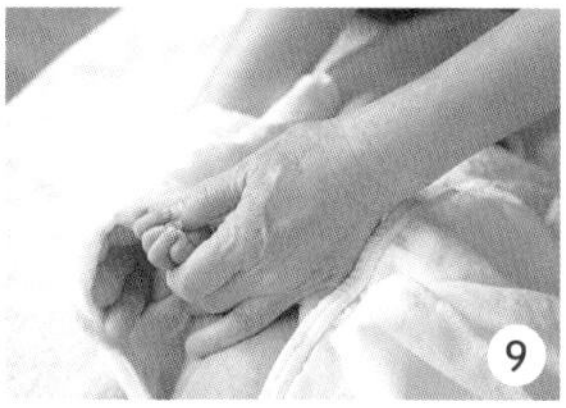

セットした服の上に赤ちゃんを寝かせ、服を着せます。まず袖口から自分の手を入れ、赤ちゃんの腕を持って迎え手にして、袖に腕を通すとスムーズにできます。

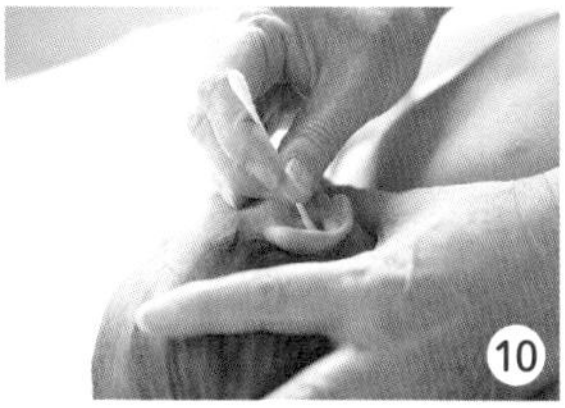

動くと危ないので、顔をしっかり押さえて、綿棒で耳の掃除をします。内側まで入れずに、外側の汚れているところだけでOK。

湯上がりに母乳またはミルクをあげましょう。ミルクをあげるタイミングでなかったら、白湯でも。

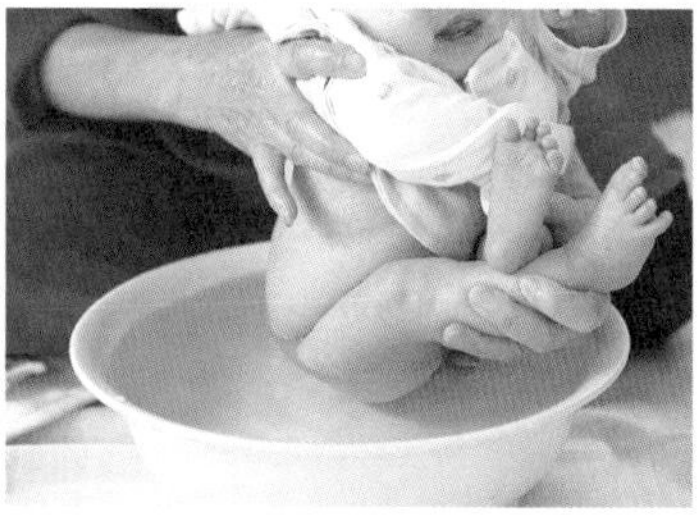

かぶれ防止は“おしり浴”で

うんちの回数が多い期間は、性器周辺の肌がかぶれることが多いもの。お風呂の時間でなかったら、「おしり浴」もおすすめです。洗面器やバケツ型ベビーバスにお湯を張り、おしりと性器をきれいに洗いましょう。服を脱がせずにできるので、手軽です。

［ おへその消毒方法 ］

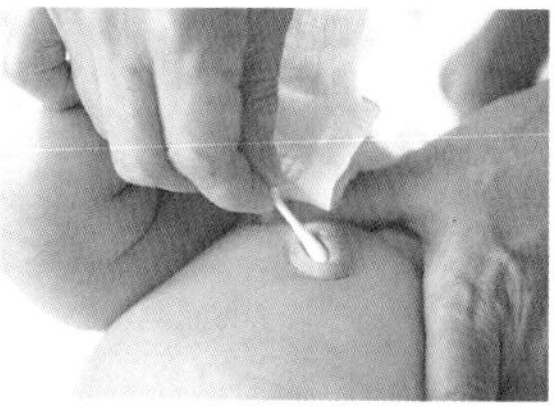

綿棒に消毒液をしみこませ、へそをやさしくなぞって、消毒をします。おへそがしっかり乾くまで消毒を続け、いつまでもジクジクしているときは、小児科に相談を。

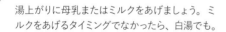

産後ママの体のケア

赤ちゃんのお世話と同じくらい ママの体もいたわることが大切

産褥期《さんじょくき》は無理せず ゆったりと過ごして

産後から6～8週間までを産褥期と呼び、出産前の体に戻っていく期間です。産後3週間くらいは、できるだけ横になって過ごし、いつでも赤ちゃんに授乳できるように布団は敷きっぱなしにして、赤ちゃんのお世話だけに専念します。おっぱい以外の家事や育児はパパなどにまかせ、**赤ちゃんが寝ているときは、ママも隣で一緒に寝てしまうのがいちばん**です。

骨盤と膣のしまりもチェック

松が丘助産院では骨盤が動く産後3週と6週に来院してもらい、骨盤を調整しています。このとき助産師が産後の膣の具合も確認。膣のしまりが悪いと、尿もれの原因にもなります。対策としては骨盤底筋を鍛える「ケーゲル体操」がおすすめ。あおむけに寝て、足を少し開いてひざを立て、肛門と膣をおへその上まで引き上げるイメージでしめます。どこででも何度でもやってください。また、**トイレで尿をいったん止めて、残りを出す**というトレーニングも有効です。

この時期は、体の動かしすぎや目の使いすぎにも注意を。無理をすると悪露が多くなり、子宮が下がってくることや出血すること、目の奥に痛みが出ることもあります。1か月健診でママの体の回復を診る自治体も多いので、心配なことは相談してみましょう。

心が敏感になるのは ホルモンバランス変化のため

出産前後は、いつもは気にならない他人からの一言に敏感になってしまうことも。**心が粘膜のようになっているので、何気ない言葉がとても痛く感じる**のです。ポジティブな言葉を使うなど、まわりの人に少し心を配ってもらいましょう。またこの時期、他人に対して攻撃的になるのは、赤ちゃんを守ろうとする動物的な本能の表れ。ホルモンバランスの変化が原因ともいわれています。パパに**きつく当たってしまうかもしれない**という話をしておくだけでも、理解が深まり、よい夫婦関係が築きやすくなります。半年くらいするとホルモンが安定することが多いようです。

産後の体をほぐす〝ゆる体操〟

産後のママに必要なのは、リラックスをして体をゆるめること。そこでおすすめするのは運動科学総合研究所所長・高岡英夫さんの「ゆる体操」です。体をゆるめられるだけでなく、ぽかぽかと温める効果も。最終的には体の軸を意識できるようになります。まずはご紹介する基本の３つの体操から始めてみましょう。

腰まわりの疲れがとれる

腰モゾモゾ体操

1 あおむけで寝て、両ひざを立てて軽く足を開きます。

2 「モゾモゾ」と繰り返し言いながら、腰を床に軽く押しつけて左右に動かします。擬態語を口に出すことで、息を吐くことができ、リラックス状態に。

「モゾモゾ」「モゾモゾ」口に出しながら

ゆったりした服装で

ふくらはぎの筋肉をほぐす

すねプラプラ体操

1 あおむけで寝て、両ひざを立てます。右足を左ひざより上（やや太もも寄り）にかけます。

2 「プラプラ」と繰り返し言いながら、右足のひざ下を上下に揺すります。そのとき、組んでいる右の足のひざやすねの力は抜いて。反対の足も同じように。

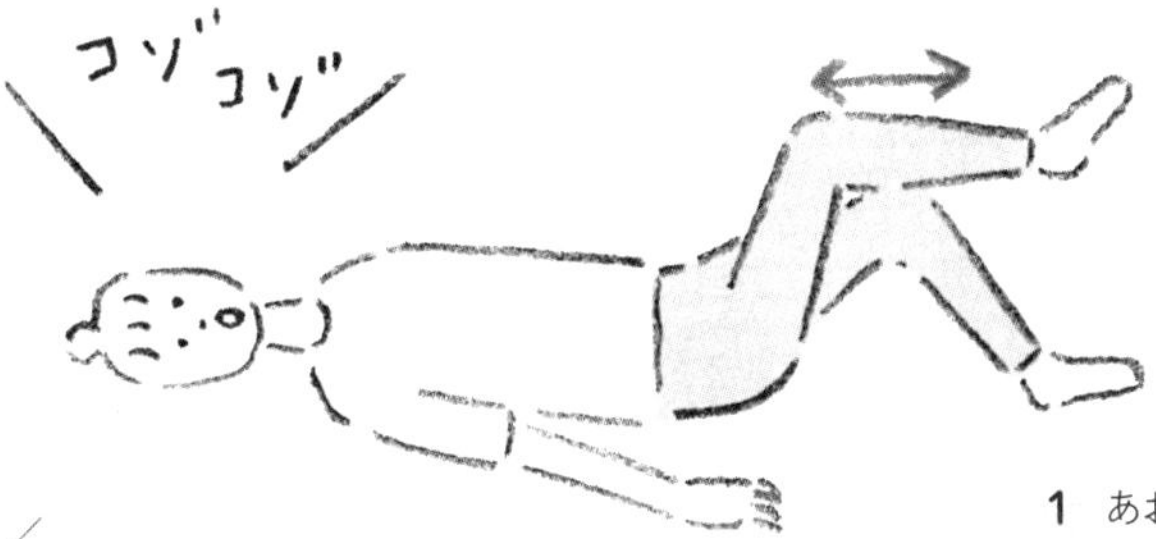

はじめは
1～2分程度が目安

気持ちよさを感じて

足の冷えやむくみもなくなる

ひざコゾコゾ体操

1 あおむけで寝て、両ひざを立てます。右足のふくらはぎを左ひざにのせます。

2 「コゾコゾ」と繰り返し言いながら、右足のふくらはぎを動かして、こりをほぐします。ポイントはひざの裏からアキレス腱までの「痛気持ちいい」ところを見つけること。反対の足も同じように。

1 month

1か月

新生児は卒業！徐々に外の世界を広げます

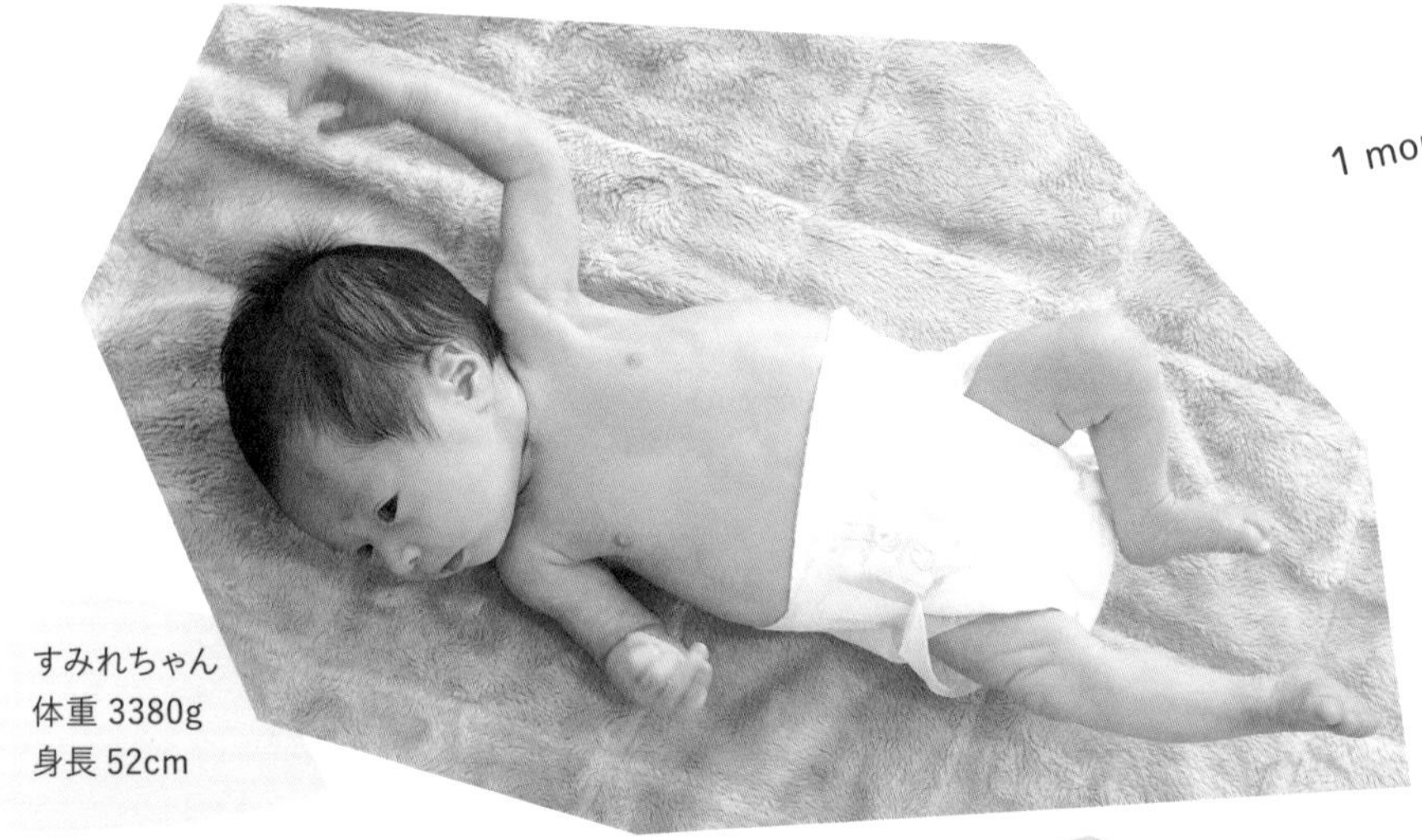

すみれちゃん
体重 3380g
身長 52cm

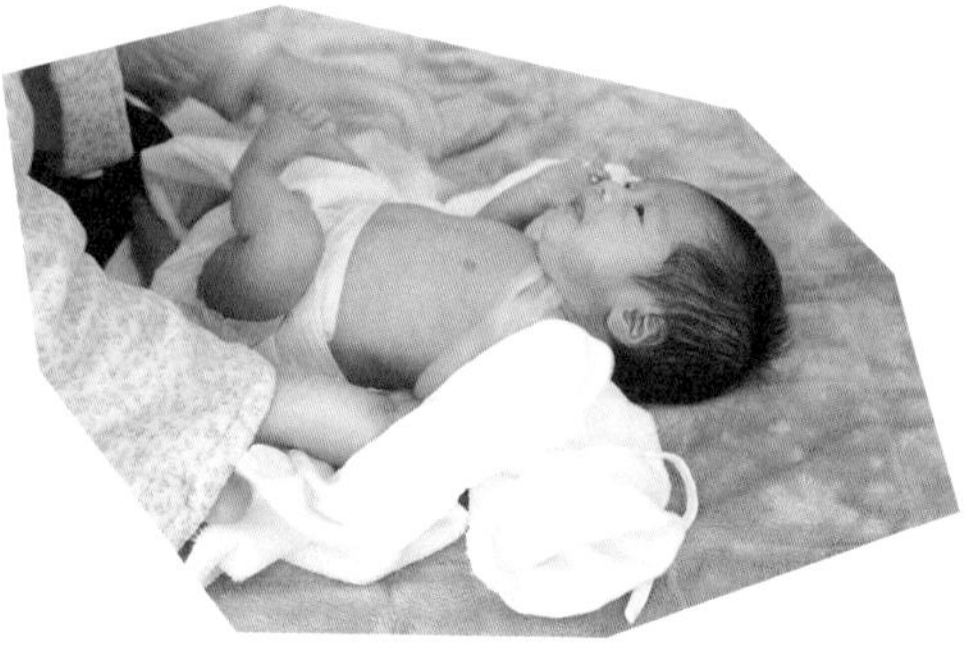

ひざを曲げたり伸ばしたり、体の動きもどんどん活発になってきます。

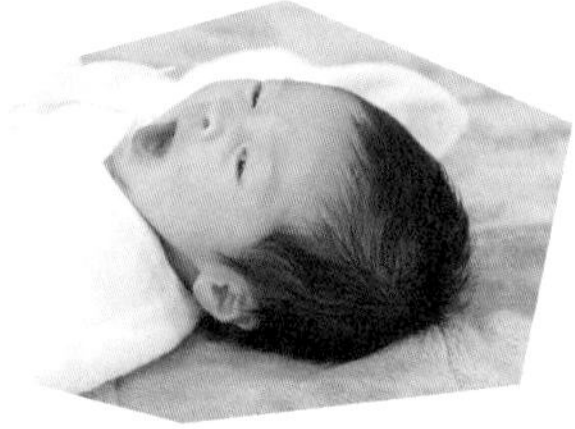

かわいいあくび。このころから泣き声以外の声を出すこともあります。

2か月未満の平均体重＆身長

	男の子	女の子
体重	3530~5960g	3390~5540g
身長	50.9~59.6cm	50.0~58.4cm

体も心もどんどん発達 大人も赤ちゃんとの生活に慣れるころです

新生児を卒業して、いろいろな表情が出てきて、ますますかわいさが増す生後1か月。体重も600g〜1kg増えますが、個人差が大きい時期なので体重の増え方がゆるやかでも、ごきげんであれば心配はありません。おっぱいにも慣れて授乳も3時間おきくらいになり、昼間に起きている時間が長くなります。ママもパパも新生児期よりは少しラクになってきたことを感じられるかも。視力も段々と発達してぼんやり見えていて、ママやパパの顔をじっと見つめることも多くなりますよ。手足の動きも活発になり、上手にバタバタさせるかわいい時期です。

外気浴は風を感じる程度に

1か月健診が終わるころには、決まった時間に寝たり起きたりと生活リズムがつくことも多いですね。このころから外気浴もスタート。天気のよい日に赤ちゃんを連れて、お散歩に出てみましょう。負担がないように、まずは家のまわりから少しずつ。長時間のお出かけではなく、**外の空気に当てる程度**が基本です。

大人の洋服も肌にやさしい素材で

赤ちゃんをよく抱っこするこの時期。直接赤ちゃんの顔や体に触れるので、大人の洋服の素材にも気を使いましょう。**肌にやさしいコットン、リネンなどの天然素材**がおすすめです。赤ちゃんの嗅覚のためにも、**香りのない洗剤**を使って。

産後の記憶力や思考力が低下するのは悪いことではありません

産後は忘れっぽくなったり、頭が回らないことがあります。「マミーブレイン」とも呼ばれ、多くの人に見られる状態です。母乳を出している時期に出る、プロラクチンというホルモンが頭をぼーっとさせる作用があるから。頭が回らなくて困っている人もいるかもしれませんが、その作用で忙しさを忘れることができ、**赤ちゃんのことに専念して本能的に子育てができる**のです。心配はいりません、子育てをする上で忘れることはいいことなのですよ。

赤ちゃんの「行事」

お宮参りで初めての外出を

生後1か月ごろに神社でご祈祷する「お宮参り」。楽しみにしている産後初めての外出でしょうか。逆にいえば、それまでは外出を控えて、菌などから母子を守るという意味合いもあるのではと考えます。両家の祖父母に会って、あらためて挨拶するよい機会ですね。

赤ちゃんの「遊び」

耳、目、手を使えば何でも楽しい遊びに

このころ絵本は見せるのではなく、ママやパパの声で聞かせてあげるもの。子守歌もいいでしょう。動くたびにやさしい音が鳴る、手首や足首につける鈴もおすすめです。目で追うようになったら、いろいろなものを見せてあげて。

2か月

2 months

どんどん成長する時期 自分と他人を認識し始めます

授乳間隔が長くなり おむつ替えの回数も減ります

しっかりとした体つきになり、首はまだすわりませんがグラグラすることが減り、抱っこしやすくなります。首を動かして、興味のあるほうを見る子もいます。一日に何度もあげていたおっぱいやミルクは一度に飲める量が増え、授乳間隔が長くなります。さらにはうんちやおしっこがまとまってきたことを感じられ、おむつ替えの回数が減ってきます。

ママの体はというと、まだ調子を取り戻していません。骨盤がグラグラしているので、横になってしっかりと休むときです。メリハリのある生活を心がけ、ママと赤ちゃんの体調に合わせて行動しましょう。

3か月未満の平均体重&身長

	男の子	女の子
体重	4410~7180g	4190~6670g
身長	54.5~63.2cm	53.3~61.7cm

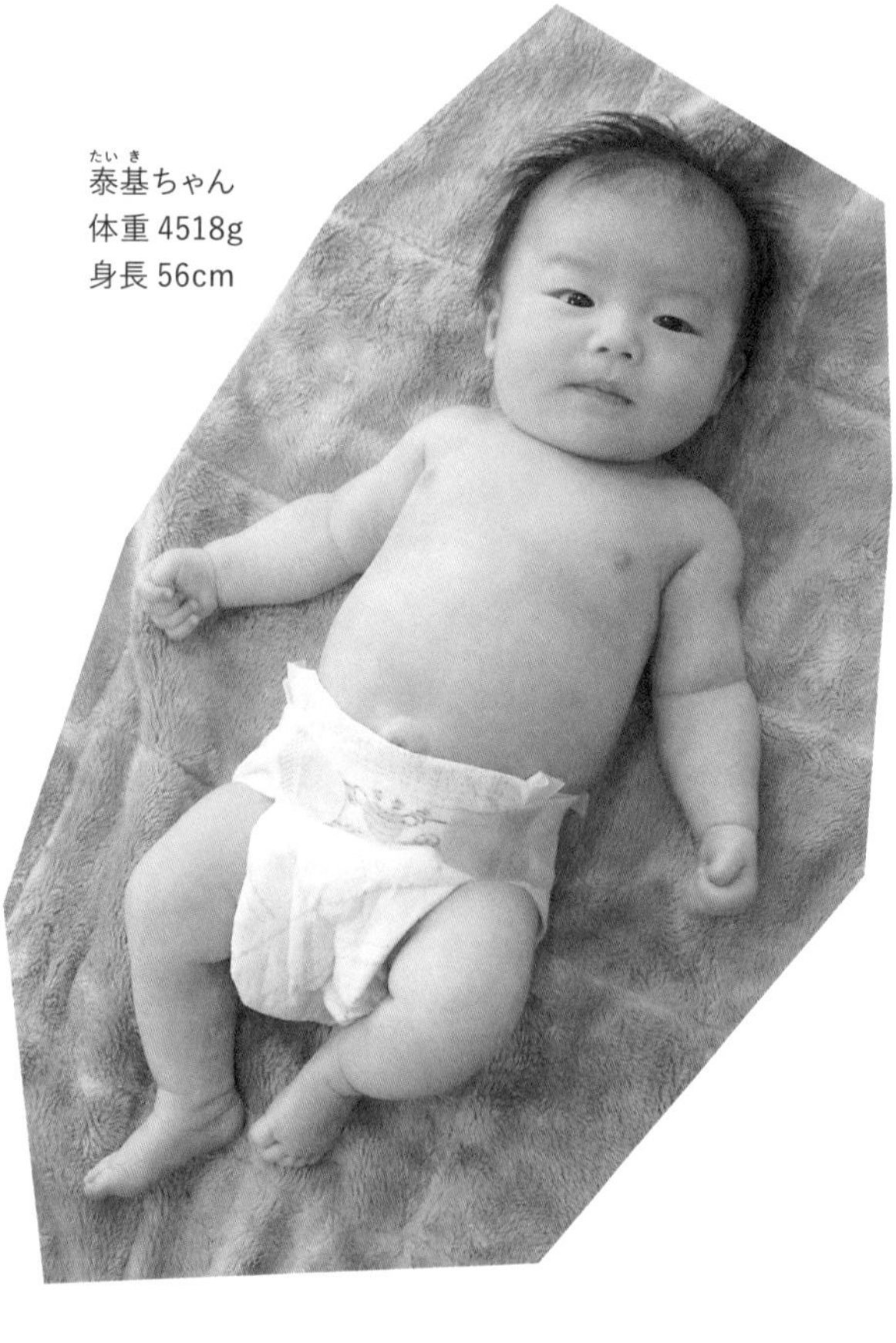

泰基《たいき》ちゃん
体重 4518g
身長 56cm

ママがやさしく話しかけます。あやすと笑ったり、喜んで声を出したりできるころ。

泣くのは伝えたいことがあるから

このころは強く泣くこともありますね。**泣くのは不快や欲求の表れ。**おなかがすいた、おむつがぬれて気持ち悪いなど、赤ちゃんが伝えたい理由があるから。**赤ちゃんと一緒にいるとどんな理由で泣いているのかわかってきます。**おしっこが出る前にムズムズして泣くこともありますよ。それがわかったら、トイレに連れていくチャンス。まだ2か月だからトイレトレーニングは早いなどと思わずに、積極的にトイレに赤ちゃんを支えながら座らせてみてください。松が丘助産院ではこれで成功した赤ちゃんがたくさんいますよ。

喃語《なんご》がスタートする子も

大人があやすとびっくりしたり喜んだり、「あーー」「うーうー」「だだだ」などの喃語がスタートする子もいます。**喃語が出てきたら、目を見てたくさん話しかけてあげてください。**赤ちゃんの成長を促すことにつながりますよ。

自分と他人を区別し始めます

自分の手を見つめる「ハンドリガード」が始まったり、こぶしをなめたり、手をチュパチュパなめることもありますね。時にはこぶし全体を口に入れてえずいてしまったり。いろいろな行動が出始めるころですね。これは**口に入れて確認**し、自己と他者は違うものと認識を始めるから。ママを**自分自身の一部と思っていた赤ちゃんが、ママは他者だとわかり始める**のもこの時期です。

黄昏《たそがれ》泣き どうしたらいい？

夕方になるとグズグズと泣き始める黄昏泣きをする子もいますね。**疲れて眠くなったり、太陽が沈んで寂しい雰囲気を感じていたり、ごはんの準備やお風呂などでママが忙しいことを感じ取っている**こともあるようです。毎日同じ時間帯に泣くのは、赤ちゃんの生活リズムが整っている証拠かもしれませんよ。ママもパパもリラックスして付き合ってあげましょう。

赤ちゃんの「アイテム」

おしゃぶりはさせても大丈夫

母乳やミルクを飲んでいる時期は口寂しいときがあり、そんなときは市販のおしゃぶりを使ってもいいのではと思います。ポイントは乳頭混乱させないものを選ぶこと。授乳時のママの乳首は舌でつぶされて少し平たい形になっているので、それに近いおしゃぶりを選ぶのがベスト。おしゃぶりを使うと口呼吸でなく鼻呼吸をするので、口からの細菌を防いでくれるという説もあります。

ヌーク おしゃぶりスター（消毒ケース付き）・0〜6カ月用／ダッドウェイ

3か月

3 months

感覚が手足まで広がります 自己主張をしたり、共感を求めることも

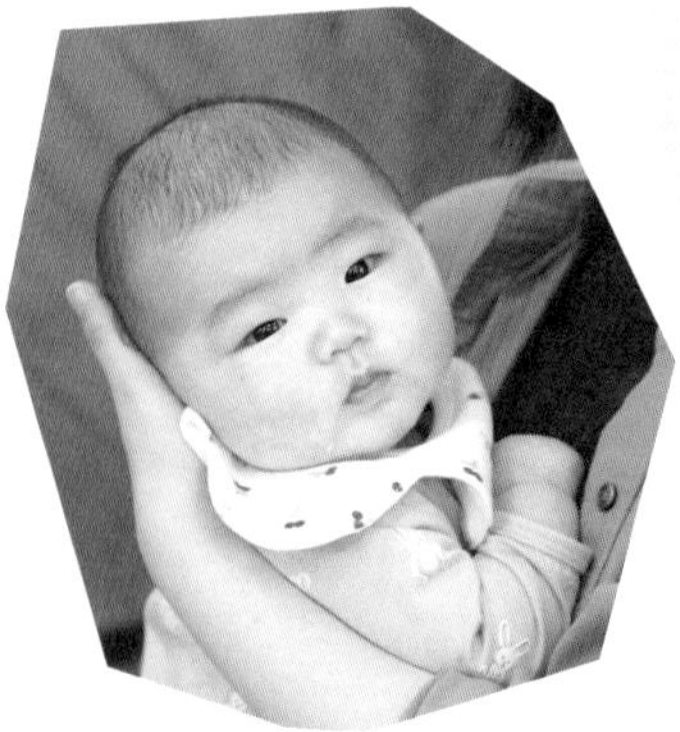

首を支えて縦抱っこ。楽しいひととき。

柚乃《ゆずの》ちゃん
体重 6585g
身長 60cm

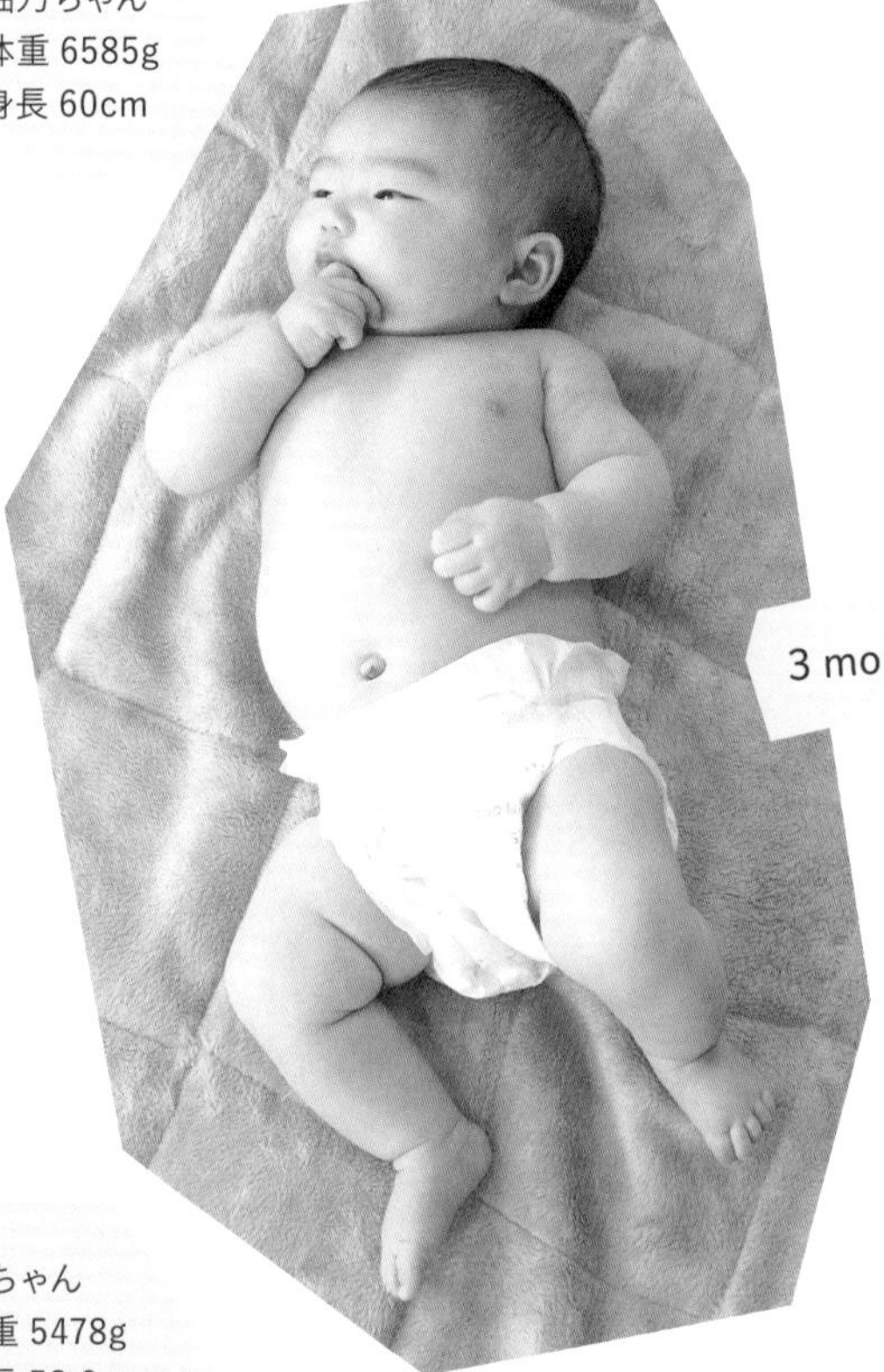

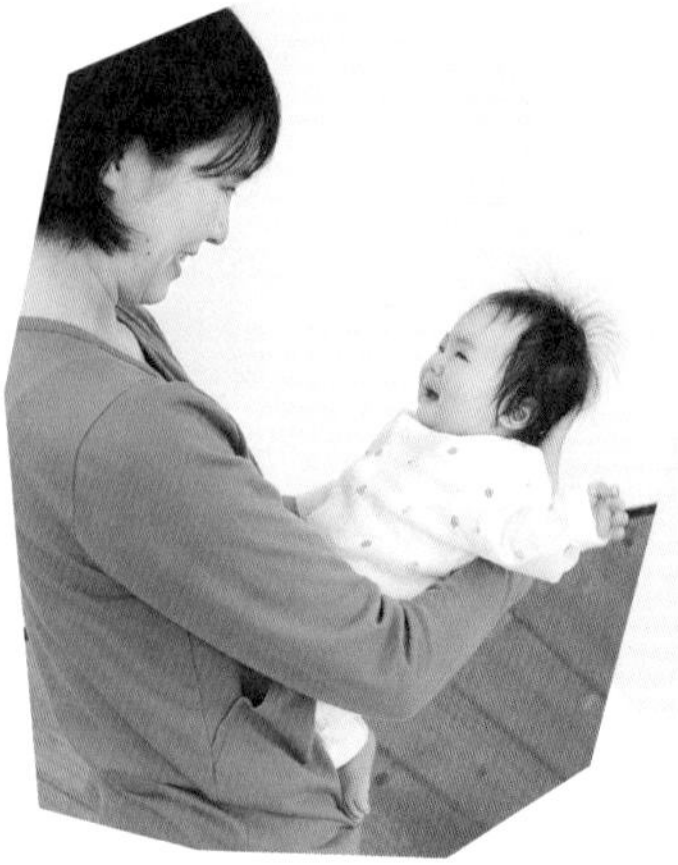

ママと楽しくおしゃべり。かわいい声も出てくる月齢。

睦《むつみ》ちゃん
体重 5478g
身長 58.6cm

4か月未満の平均体重＆身長

	男の子	女の子
体重	5120~8070g	4840~7530g
身長	57.5~66.1cm	56.0~64.5cm

体重は生まれたときの2倍に首がすわり始めます

体重の増え方がゆるやかになり、生まれたときの2倍ほどに。首がすわり始め、赤ちゃん自身が自分の体重を支えるので、ママやパパは抱っこしていると軽く感じるでしょう。視力も発達し、徐々に少し離れたものも見えてきます。

うつぶせにすると、頭を上げようと足をバタバタさせます。頭を上げて動かした先に興味をひくものがあると、自分の意志で動くようになりますよ。また背中の筋肉の発育にもつながるので、たまにはうつぶせにしてみましょう。発育で気になることがあれば、3か月健診で相談してみましょう。

泣いたり、声を出したり意思表示が上手に

言葉で伝えられないので、**泣くことで訴えます。**ねんねしたい、おっぱいが欲しい、おむつがぬれた、暑いなど。一緒にいて赤ちゃんをよく観察していると、赤ちゃんが欲しているものがわかってきますよ。またこのころから「あー」というかわいい声を発することがあります。これは**共感を求め、「一緒に見て！」という赤ちゃんの気持ちの表れです。**

赤ちゃんは縦抱っこが大好き

首がすわると縦抱っこができるようになり、ラクに抱っこできるようになります。泣いているときは話しかけて、縦抱っこで窓の外を見せてあげるのもいいですよ。大人の目線と同じ、**高い位置からいろいろなものが見えるので楽しいですね。**赤ちゃんも縦抱っこが大好きです。

指先を刺激し発育を促しましょう

生まれたときは口まわりだけだった感覚が段々と降りていき、**意識が指先や足まで届いています。**手触りのよいものを触るとごきげんになる赤ちゃんもいるでしょう。ふわふわ、シャカシャカなど、**刺激の違うものをいくつか用意して、成長を促してあげましょう。**指は第2の脳といわれ、指先には末梢神経が集まっているので、1本ずつ指先をつまんであげると刺激が直接脳に伝わり、脳の発育にも役立ちますよ。手のひらにもツボがあるので、真ん中をやさしく押してみてください。おもちゃのにぎにぎでもいいですね。

焦るときほど寝てくれない…

「早く寝て欲しい」「寝ているうちに家事を済ませたい」と思って、寝かしつけを焦っていませんか？ 寝たと思ってベビーベッドに置いたり、そばから離れたりすると、起きてしまう、それの繰り返し。それは**早く寝かせたいという、大人の緊張が伝わるから。**そんなときはあきらめて、一緒に寝てしまいましょう。ママやパパと一緒に寝ると赤ちゃんが安心し、起きたあとにぐずぐずもなく、お昼寝後の家事がはかどりますよ。

赤ちゃんの「行事」

健やかな成長を願う「お食い初め」

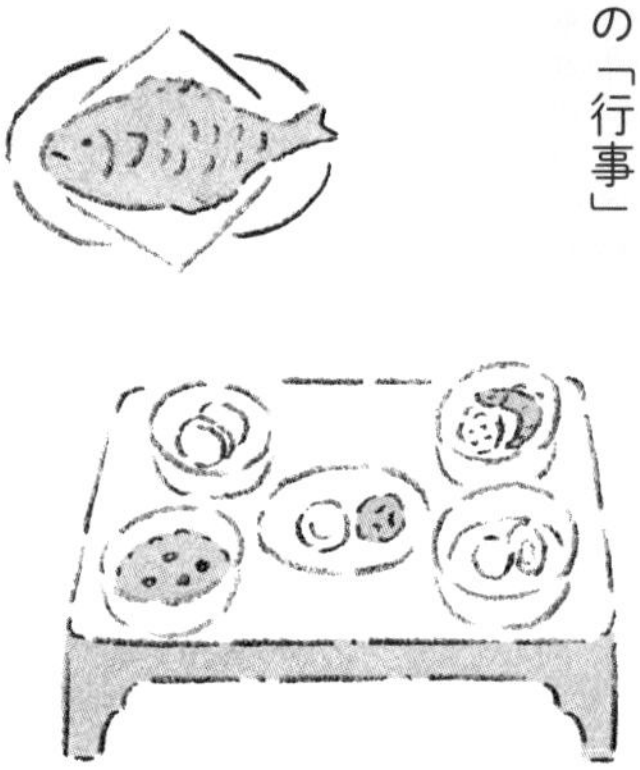

「一生食べることに困らないように」と、赤ちゃんの生後100日を記念して行われるお食い初め。起源や由来は、平安時代に遡る行事です。鯛の尾頭つきの焼きもの、お赤飯などを準備し、赤ちゃんに食べさせるまねをします。おいしいにおいを嗅ぎ、嗅覚も発達しますね。

4〜5か月

4〜5 months

体の成長も心の成長も大きく ごきげんに過ごす日が多くなります

ものをつかめるようになり 喃語でおしゃべりも

首がしっかりとすわり、うつぶせにしても上体をしっかり起こせるようになります。ごきげんなときに腹ばいにすると、楽しく遊んでいる風景も見られますね。早い子は寝返りを始めることも。

何でも口に入れて確認する時期。よだれも出るようになり、おもちゃがベタベタになることも。興味のあるものに手を伸ばし、上手につかめることに驚くことでしょう。あやすとにこにこ笑うので、たくさん抱っこして見つめて話しかけてあげましょう。**喃語もしっかりと発声でき、ひとりでおしゃべりをしてごきげんで過ごすことも多くなります。**

高めに抱っこし、少し目線を上げると楽しい。首がすわり、縦抱きもラクに。

ミラちゃん
体重 6600g
身長 74cm

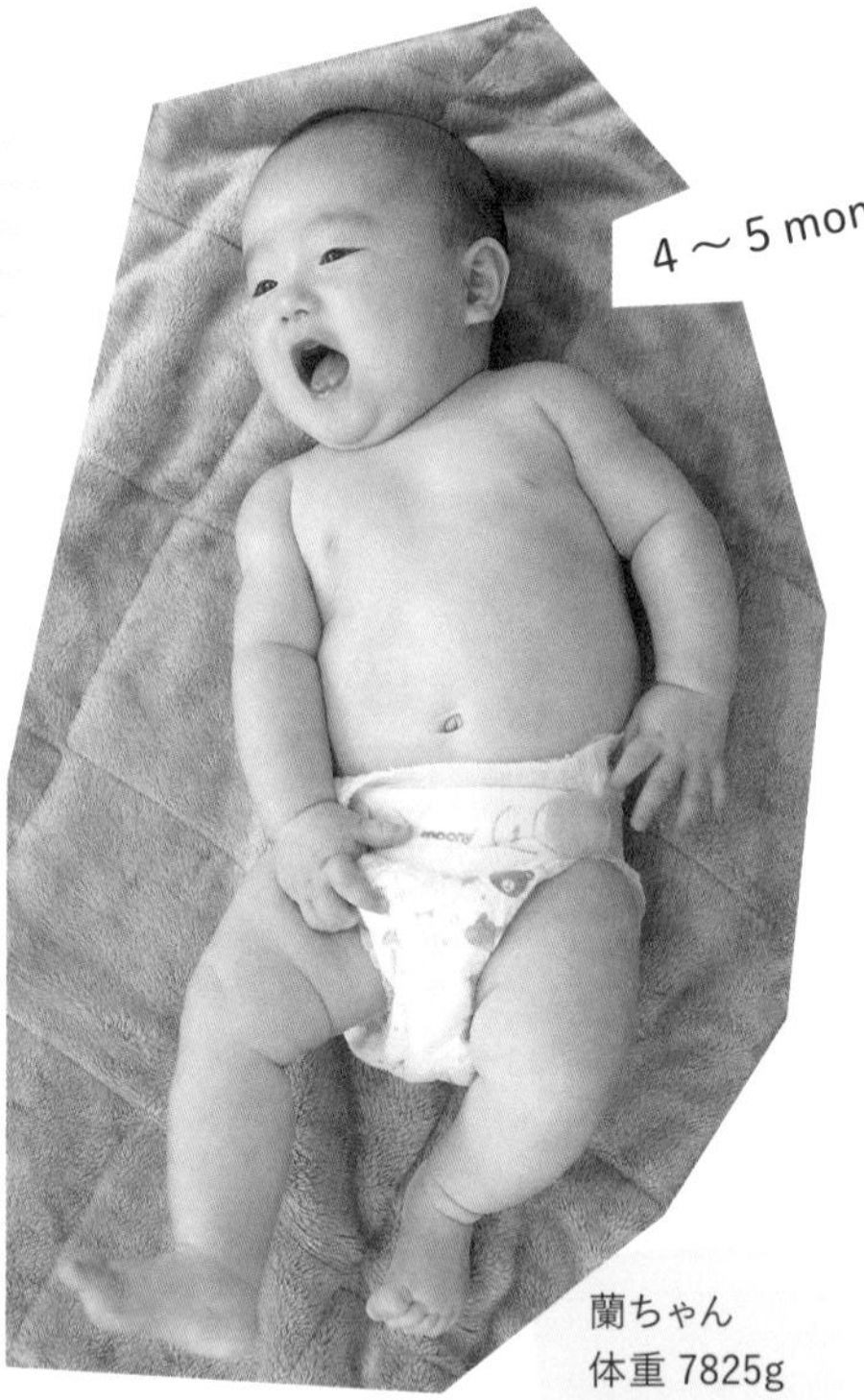

蘭ちゃん
体重 7825g
身長 66cm

自分の手をチュパチュパなめるのも、大切な成長のひとつです。

5か月未満の平均体重＆身長

	男の子	女の子
体重	5670~8720g	5350~8180g
身長	59.9~68.5cm	58.2~66.8cm

6か月未満の平均体重＆身長

	男の子	女の子
体重	6100~9200g	5740~8670g
身長	61.9~70.4cm	60.1~68.7cm

朝はきちんと起きる毎日に

朝昼夜をはっきりさせることが大切です。赤ちゃんがぐっすり寝ていても、**朝になったら起こしてあげて。**夜は8時には寝かせましょう。部屋を暗くして、赤ちゃんが眠りやすい環境を整えて。朝と夜の区別がつくと、夜眠る時間が長くなり、個人差はありますが朝までぐっすりと眠ってくれる子もいます。また赤ちゃんにもよりますが、お昼寝が午前と午後各1回ずつになっていくことが多いです。

手の届くところに危険はないかチェック

危険なものがまわりにないかを確認し、安全な場所で寝かせましょう。ベッドに寝かせるときは端ではなく、真ん中に。またベッドから離れるときは柵をきちんと上げ、転落を防ぎます。シャワーやお風呂の温度も、必ず毎回確認しましょう。

ほかの赤ちゃんとの交流もおすすめです

キャッキャッと声を出して笑う子もいるこの時期。ママやパパの気をひきたい、相手をして欲しいという欲求の表れです。**抱っこして話しかけて、十分にコミュニケーションをとりましょう。**

コミュニケーションには、児童館など同じ月齢の赤ちゃんがいるところに連れていくのもいいですね。**少し月齢が大きい子がいれば、その子のまねをすることで上手に遊べるように**なっていきますよ。雨の日やお散歩に行けない日に行ってみてはいかがでしょうか。

お出かけする距離は赤ちゃんに合わせて

首がすわり、抱っこひもで抱っこやおんぶができるようになると、少し遠くまで外出しやすくなります。しかし行動範囲は広げすぎないように注意を。子どものとき、近所でも知らない道に行くのは怖くなかったですか？ 赤ちゃんにとっても同じこと。**生活圏外に出ることは怖いことです。**家からの距離を徐々にのばしてください。**遠くまで行かなければいけない場合は、抱っこでママやパパとしっかりくっついて安心させてあげて。**また、週に何度も外出はしないように。

赤ちゃんの「遊び」

揺れるもので遊ばせましょう

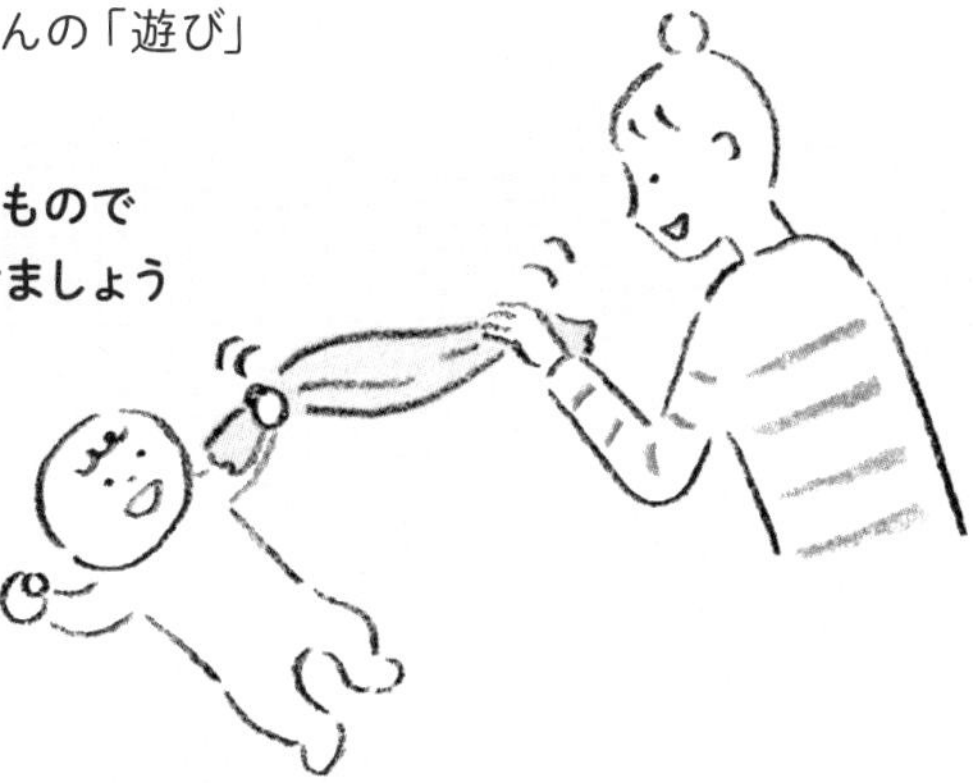

ひもやカーテン、スカーフなど揺れるものにも関心を示します。赤ちゃんにひもや布の端をつかませ、引っ張り合うのも楽しいです。赤ちゃんに合わせてやさしく動き、無理やりおすわりはさせずに寝たままで。飽きずに長時間遊べるので、外出先でも便利です。

6~7か月

6 ~ 7 months

祝ハーフバースデー！ハイハイも後追いも成長の証です

歯が生えて赤ちゃんごはんが始まります

寝返りが上手にできるようになり、7か月くらいからはハイハイで移動をし始める子もいて、目が離せません。ハイハイの前に、ずりばい、ひざと手のひらをつけた四つんばいをする子も多いです。手も器用になり、右手でつかんだものを左手に持ち替えるということもできるようになって成長を感じます。

　赤ちゃんが、食べ物に興味を持ち始めたら、赤ちゃんごはんをスタートする時期。最初は手づかみでうまく口に運べませんが、どんどん上手に。「食べたい」という意欲を引き出してあげましょう。

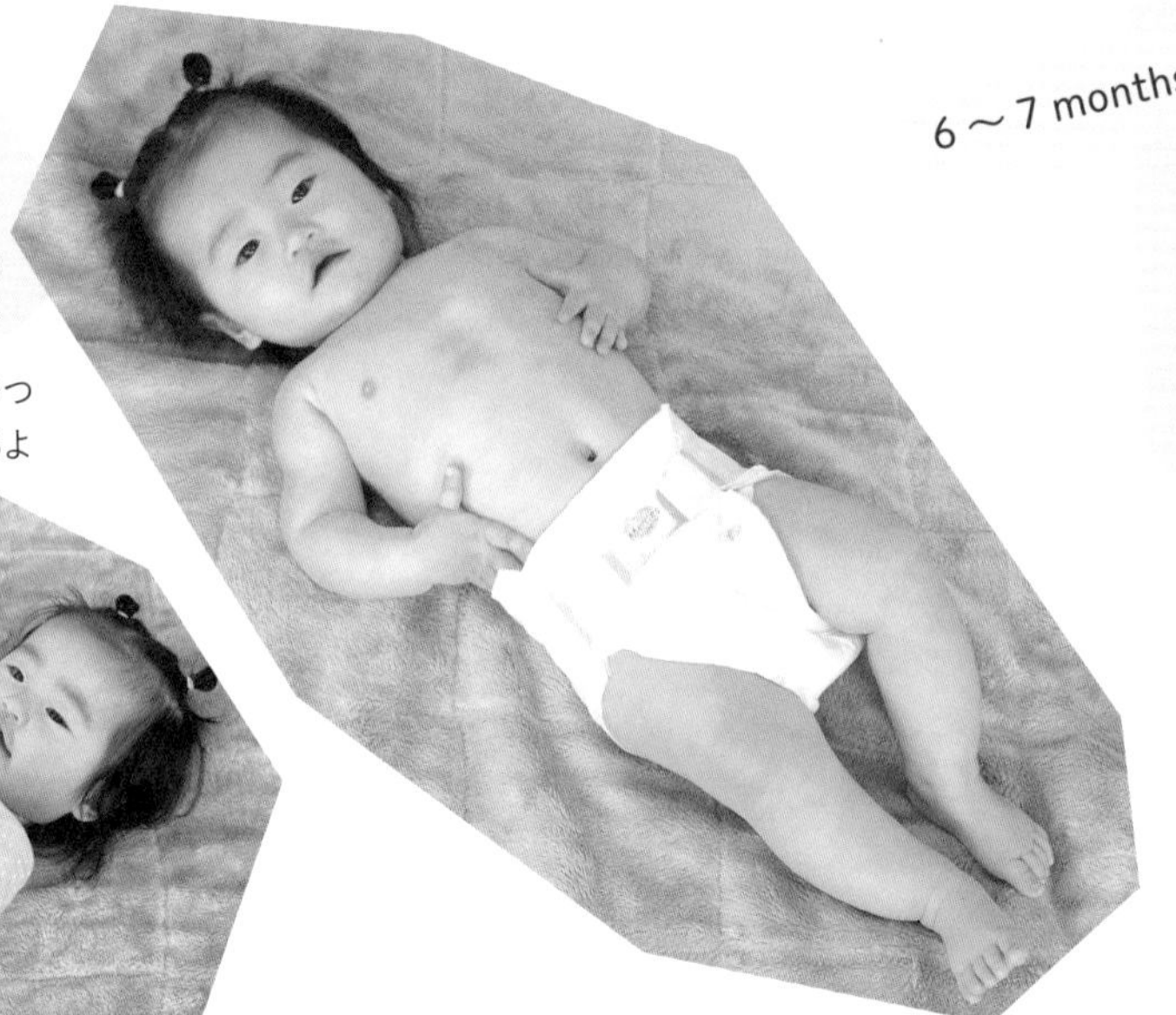

妃菜《ひな》ちゃん
体重 6835g
身長 66.3cm

指先が器用になり、手でつかめるおもちゃも楽しめるように。

令泳《りえい》ちゃん
体重 6045g
身長 63.5cm

腹ばいにすると顔を上げ、ママの顔やまわりのものを見渡します。

7か月未満の平均体重＆身長

	男の子	女の子
体重	6440~9570g	6080~9050g
身長	63.6~72.1cm	61.7~70.4cm

8か月未満の平均体重＆身長

	男の子	女の子
体重	6730~9870g	6320~9370g
身長	65.0~73.6cm	63.1~71.9cm

ハイハイ↓おすわりの順番が理想的

成長の順番は、おすわりの次がハイハイといわれますが、**「ハイハイ↓おすわり↓立って歩く」**の順がベストと考えています。先におすわりを覚えてしまうと、動きが少なくなる赤ちゃんもいます。成長のステップを踏むことは、赤ちゃんにとって大切なこと。固定させる赤ちゃん用の椅子などに無理やり座らせたりせず、**ハイハイを十分にさせてあげましょう。**少し遠くに興味のあるものを置いてハイハイさせ、自分の手でつかませるのもおすすめです。

外出時の赤ちゃんごはん

赤ちゃんにはできるだけ自分で作ったものを食べさせてあげたいものですが、真夏の外出時など、腐敗が心配なときなどは市販品に頼っても。市販の**ベビーフードを選ぶポイントは、塩分が控えめで、ママやパパが食べておいしいと感じるもの、安心安全な材料を使ったもの。**赤ちゃんは味覚がするどいので、最初から塩分が高いものを与えないように注意して。

後追いは親の特権です

大好きなママやパパの姿が見えないと不安になって大泣き。家中をくっついてきて、家事が思うように進まずイライラしたり、しんどいなと思うこともあるかもしれません。そうはいっても**後追いするのは、長くても3歳くらい**まで。そんなかわいいことをしてもらえるのは親の特権です。**子どもに愛されている、必要とされている証拠。**喜んでトイレも一緒に入ってもらいましょう。一生のうち数少ないことなので、ストレスにならない程度に楽しんでみてはいかがでしょうか。「すぐに戻ってくるからね」と赤ちゃんに話して、その都度伝える事も大切です。

親と一緒に寝ると子どもの病気も治りやすい

6か月くらいになるとママからもらった免疫がなくなるので、体調を崩して熱を出すことも多くなります。**赤ちゃんが熱を出したら、大人も一緒に眠りましょう。**呼吸も心臓の音も大人のほうがゆっくり。くっついて寝ると大人のリズムにつられてゆっくりになり、病気も回復へ向かっていくでしょう。一緒に寝ると大人もリラックスできて、体も休められますね。

赤ちゃんの「行事」

ハーフバースデーのお祝いを

近年ではハーフバースデーとして生後6か月をお祝いすることも増えてきました。発達の目まぐるしい赤ちゃん期。半年の成長を記念し、思い出として残すという意味があります。写真館で記念撮影をしたり、手形や足形を取ったり。ここまで毎日頑張っているママとパパもお互いをねぎらいましょう。

8〜9か月

8 ~ 9 months

行動範囲が広がり何にでも興味津々になります

ガイヤルナちゃん
体重 7.0kg
身長 68cm

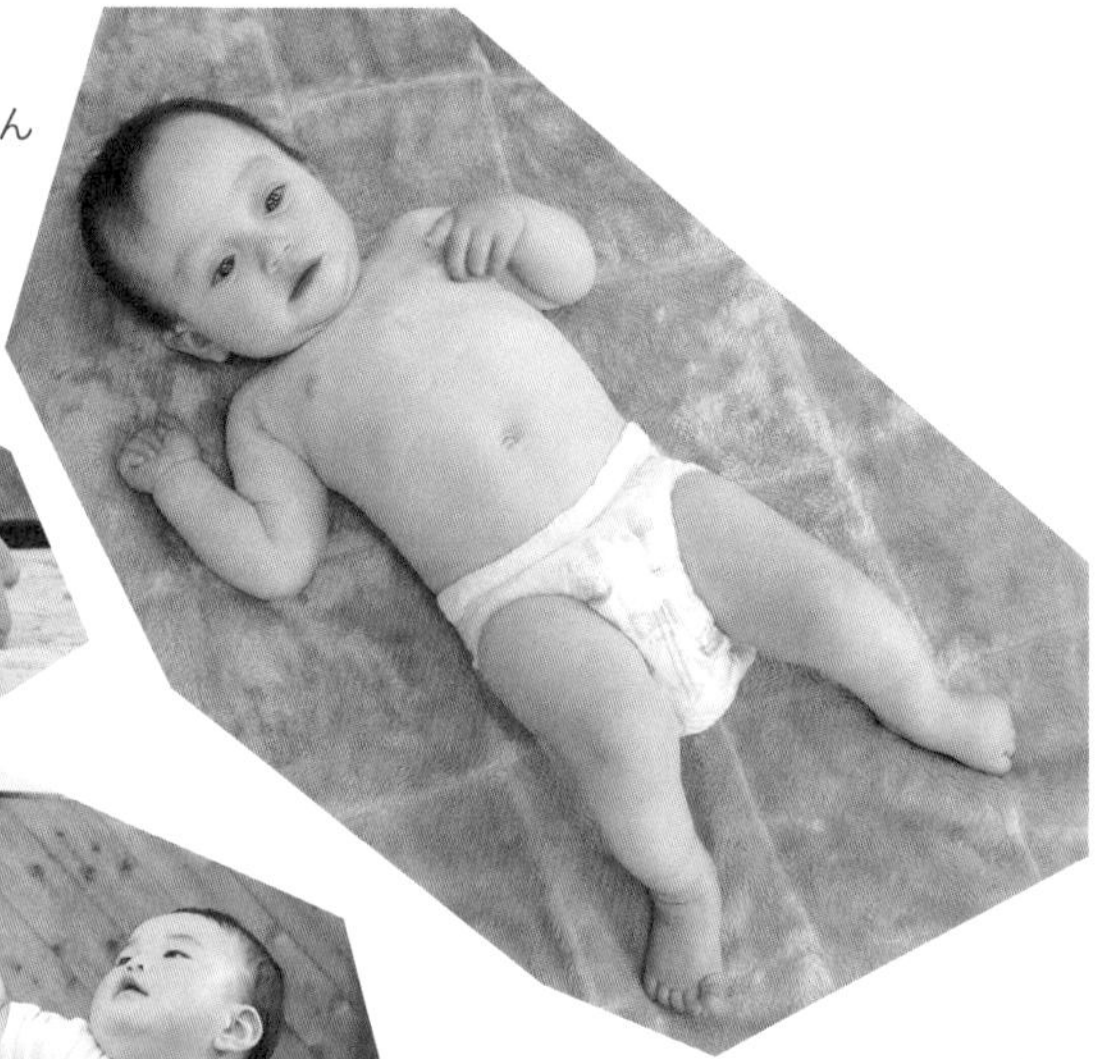

ずりばいも上手に。声を出して、楽しむ姿が見られます。

興味のあるものには、手を伸ばし、つかみとろうとします。おすわりもマスター。

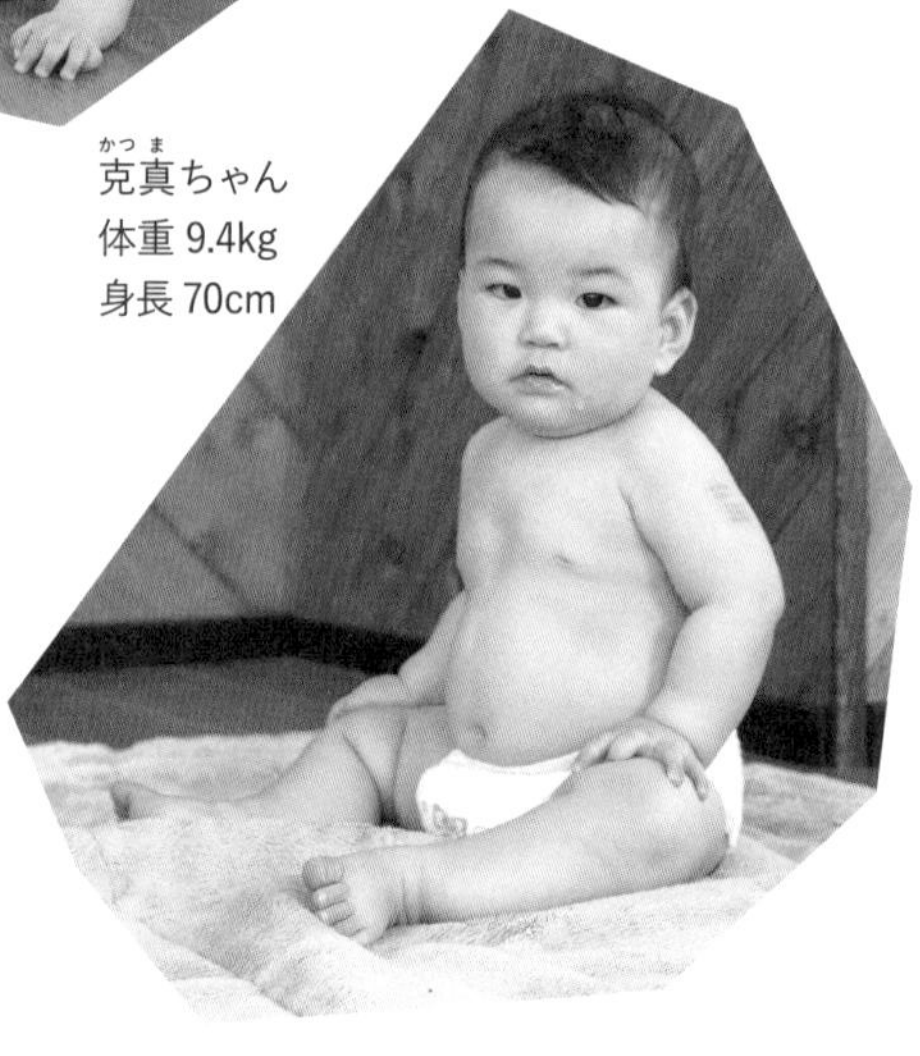

克真《かつま》ちゃん
体重 9.4kg
身長 70cm

9 か月未満の平均体重＆身長

	男の子	女の子
体重	6.9~10.1kg	6.5~9.6kg
身長	66.3~75.0cm	64.4~73.2cm

10 か月未満の平均体重＆身長

	男の子	女の子
体重	7.1~10.3kg	6.7~9.8kg
身長	67.4~76.2cm	65.5~74.5cm

ハイハイが上手になり大人の言葉をしっかりと理解

寝ている状態から自分で上体を起こし、座ることができるようになります。ハイハイが上手になると、きゅっと引き締まった体になっていくのもこのころの特徴。指先が器用になり、親指と人差し指で小さいものをつまめるようにもなります。

パパやママと離れることに不安を感じ、視界からいなくなると泣き出すことも。赤ちゃんから離れる必要がある場合は、「トイレに行ってくるね」「待っててね」などときちんと話してから行動に移しましょう。大人の言葉をきちんと理解し始め、「ねんねしよう」と言うとベッドに向かったり、名前を呼ぶと振り向くこともありますよ。

「ダメ」より
親の対応で工夫を

はっきりとした言葉は出ないですが、自分の意見を聞いて欲しいと自我が出てくるころ。赤ちゃんは「あれがしたい！」「これが欲しい！」と要求してきますが、大人が振り回されすぎないことも大切です。欲求を受け入れられないとき、**赤ちゃんは理由がわからないので、癇癪を起こすこともありますが、まずはちゃんと言葉で説明をしましょう。もし伝わらなくても、大人が怒っても仕方ないこと。**「ダメ」と言うよりも、手にすると危ないものを片づけたり、抱っこして興味の先を変えてあげるだけで、ごきげんになることもあります。

大好きな「繰り返し」で
体の成長を促しましょう

このころの赤ちゃんにおすすめすることは「繰り返す」こと。赤ちゃんは繰り返すことが大好きです。例えば、**毎日同じ本を読んであげては**いかがでしょうか。子どもが好きそうな一冊を選び、同じ本を大きくなっても繰り返し読んであげてください。子どもが違う本を持ってきたら、いつもの一冊に加えて読みます。幼児になっても同じ本で大丈夫。夜寝る前の儀式として安心材料になることでしょう。これは**心臓や肺にもよい影響があり、呼吸器のリズムが整い、運動神経、音楽神経、数学神経の発達が期待**できますよ。

知的教育より
体と心を整える大切な時間

赤ちゃんは「いないいないばあ」が大好きですね。道具も不要で、いつでもどこでもできる楽しいコミュニケーションのひとつ。これのいいところは、記憶に働きかけないこと。何かを覚えさせて楽しむことではなく、今その瞬間を赤ちゃんと楽しむ遊びです。この時期から習い事をさせたいと考える人もいますが、**赤ちゃん期は体と心をきちんと作る時期**だと考えます。何かを覚えさせる知的教育は、子どもがもう少し大きくなってからでも遅くありません。まずは**生活リズムをしっかりとつけること、赤ちゃんの気持ちを安定させること**を優先しましょう。

赤ちゃんの「遊び」

わらべ歌が大好き

言葉が理解できるようになってきたら、わらべ歌も楽しめますね。「おつむてんてん」、「ずいずいずっころばし」、「ひげじいさん」、「ちょちちょちあわわ」など昔からある懐かしいものがいっぱい。松が丘助産院では、教えたそのときははずかしいのかしないのに、おうちに帰って練習する子がたくさんいますよ。外食先で料理が届くまで、家族で楽しむこともできますね。

10～11か月

10~11 months

「できた！」を増やして心を豊かに育みましょう

驚くほど速いハイハイで移動歩き始める子もいます

このころのハイハイはびっくりするほどの速さ。さらには両足と両手を伸ばした状態でおしりを上げる高ばいやつかまり立ちも上手になります。歩行器は行きたい方向へ移動できるので赤ちゃんが喜ぶかもしれませんが、あまりおすすめしません。体を使わずに移動できてしまいますし、股関節にもよくないので避けたほうがいいでしょう。上下の前歯が4本生えそろう子も多いよう。また、このころ難しいのは睡眠。昼寝をしすぎると、夜眠れなくなったり、就寝時間が遅くなったりと影響が出ることも。その子に合わせた心地よい睡眠時間を考えましょう。

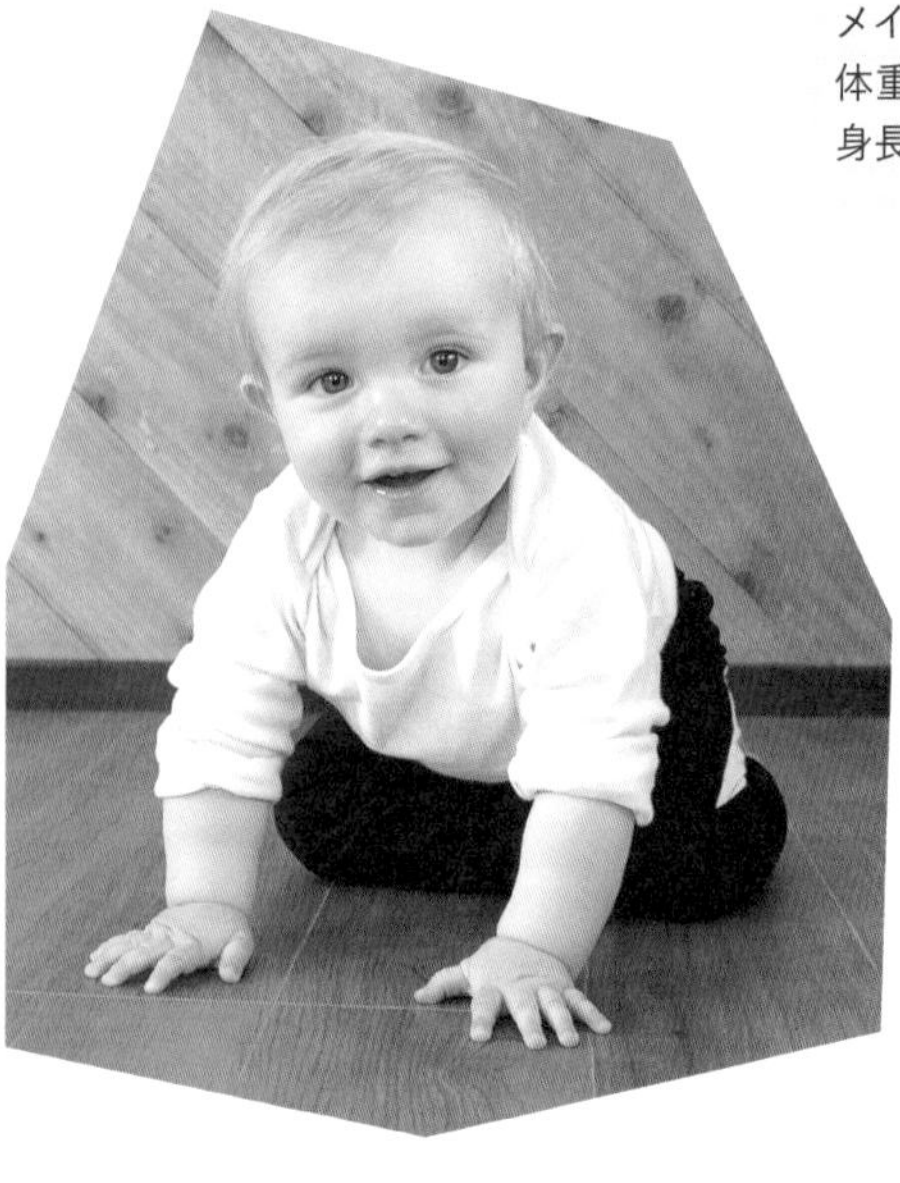

メイソンちゃん
体重 10.8kg
身長 75cm

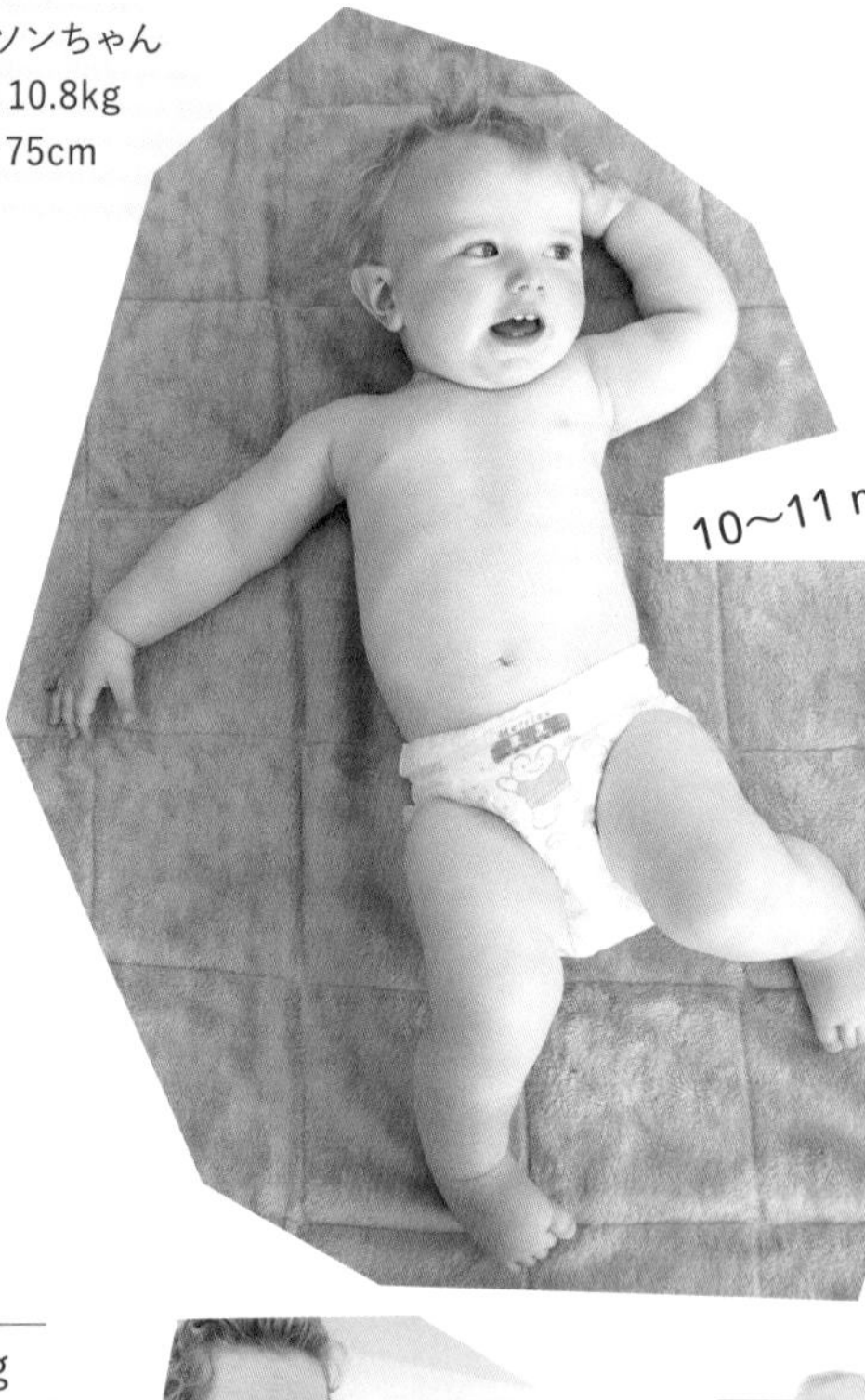

11か月未満の平均体重＆身長

	男の子	女の子
体重	7.3~10.5kg	6.8~10.0kg
身長	68.4~77.4cm	66.5~75.6cm

1歳未満の平均体重＆身長

	男の子	女の子
体重	7.5~10.8kg	7.0~10.2kg
身長	69.4~78.5cm	67.4~76.7cm

ハイハイが上手になり、指差しできるくらい指先もとても器用に。

まねっこで かわいいコミュニケーション

大人のまねが大好きなころ。**「ちょうだい」「どうぞ」というかわいいやり取りもできる**ようになります。バイバイと手をひらひらさせることも。毎日繰り返し楽しみましょう。おままごともおすすめ。コミュニケーションの練習になりますよ。

子どもの目線で確認し危険を回避して

ハイハイでの移動が上手になり、家の中での行動範囲がグンと広がります。赤ちゃんにとっては楽しいことですが、**大人は事故防止に努める必要**があります。**昨日できなかったことが今日できてしまう**のがこの時期の赤ちゃん。ひとりで階段を上がる、本棚に登るなど、危険なことをしないように目を離さないことが大切です。また**きちんと話して、危ないことを伝える**のも重要。危ないときはしっかりと言葉で言い聞かせてください。少しだけ熱いものを触らせて「アチチ」を体験させてみるのもいいかもしれません。

どうしたらできるかを考えて次のステップに

赤ちゃん期にできないことが多いのは当たり前。家の階段を自分で下りたいと言い出すこともあるでしょう。「危ないからしない」ではなく、**どうやったら危なくないかを教えてやらせてみます。**後ろ向きにゆっくり1段ずつ下りていけば危険は防げます。もちろん大人が後ろから支えてあげて。成功体験は素晴らしいもの。できたら目いっぱいほめてあげましょう。新しい体験はどんどんさせて、「できるんだ!」という自信がつくようにすることが重要です。

初めて行く場所は内向きで抱っこを

電車に乗っているとき、少し遠出したとき、びっくりするほど泣くことがあります。そんなときはベビーカーではなく、**抱っこひもで赤ちゃんの体は内側に向けて、対面抱っこを。**スリングを使ってもいいでしょう。外の風景を見せたいかもしれませんが、赤ちゃんにとっては知らない怖い場所です。しっかりと親の心臓の音・鼓動を聞かせて安心させてあげてください。**外向き抱っこの目安は家から10〜20mくらい**まで。高い位置からいろいろ見えて、赤ちゃんも喜びますね。

赤ちゃんの「アイテム」

コップやストロー使いの練習を

自分で飲むことを練習させたい月齢ですね。大人がサポートできるときはコップで、ひとりで飲ませるときはこぼれても安心なふたつきのストローボトルで、と使い分けましょう。食事のときは、汚れ防止にレジャーシートを床に敷いても。シリコンの立体的な赤ちゃん用エプロンも便利です。汚れるのを心配せず、手づかみでどんどん食べさせてあげましょう。

1歳

1 year old

記念すべき1歳 乳児を卒業し、幼児の仲間入り

コミュニケーション力がグンとアップ

1歳半くらいで2語文を話し出すことが多いです。脳の構造上、おしゃべりは女の子が少し早い傾向にあります。のども発達し、声が出ることがうれしくて、大きい声を出すこともありますね。どんどん話しかけることで、語彙力が上がりますよ。また大人のサポートがなくても歩けるようになります。体を動かせることが楽しく、よい運動にもなるのでぜひ外に連れ出しましょう。気をつけたいのは、何でも口に運んでしまうこと。危険なものは手の届かないところに。個人差はありますが、赤ちゃんごはんも2歳までには完了期に入ります。

2歳未満の平均体重&身長

	男の子	女の子
体重	7.6~13.6kg	7.1~12.9kg
身長	70.3~90.7cm	68.3~89.4cm

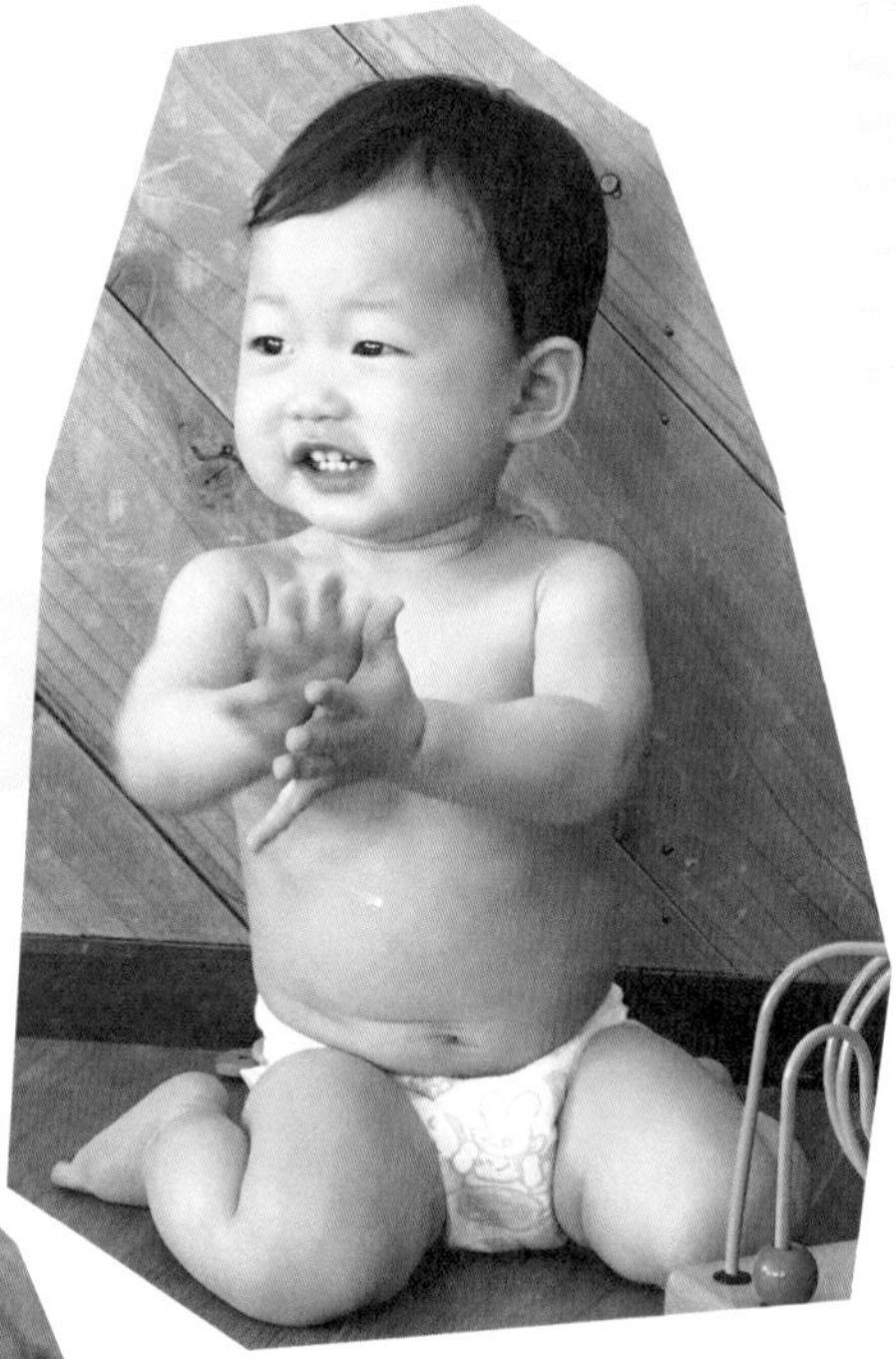

みちるちゃん
体重 8.7kg
身長 72cm

両手におもちゃを持ったり、小さいものをつまむこともでき、指先が器用に。

虹心《ここ》ちゃん
体重 7.9kg
身長 68cm

ママと一緒に拍手！ 大人のまねも大好きな時期です。

子どもと親は同い年

子どもが1歳なら、ママもパパも親として1歳です。上にきょうだいが何人いても、その子の親としてはまだまだ未熟。誰かに相談をできる、助けを求められる人でいましょう。意見は人それぞれなので、助言を求めるのではなく、**「他人の手や時間を借りる」ようにしたほうがうまくいく**ことが多いものです。頼るのはかっこ悪いことではありません。頼られるほうもうれしいものですよ。

保育園に預けるのを迷っているなら

「3歳までは母親といたほうがいい」、そんな話を聞いた人も多いのではと思いますが、保育園などに預けることは、ママやパパが働くためだけでなく、その子にとってもいいことがたくさんあります。1歳くらいからの集団生活は成長にもメリットがあり、**子ども同士の交流によって、赤ちゃんが学ぶことも多いです**よ。保育園に入ってからは、離れている時間がある分、**一緒にいるときのスキンシップを大切に**してください。また、母乳の場合、朝と夜の授乳はぜひ続けてください。

大切なのは「人格ではなく行動を否定」すること

赤ちゃんを卒業して幼児になるころは大人の話をしっかりと理解しています。危ないことをしたら、きちんと話して伝えて。「怒るのではなく、叱る」。**感情的になったり、親の機嫌が悪くて怒ったりすると、拒否されていると感じます。**大きくなっても叱る場面が出てきたら、その子を否定するのではなく、行動を否定するように心がけましょう。

ひとりで歩きたい子ずっと抱っこがいい子

ひとりでやりたい、でも見て欲しい、というのが1歳児。つなごうとする大人の手を払いのけて自分で歩きたがるときは、**子どもをコントロールせず、ぜひ自由にさせて。**ただし、道路などでは「ここは危ないから手をつなごう」と伝え、危険は回避してください。逆にずっと親にくっついていたい子もいます。安心感が育っていないのだと捉え、**子どもが求めるだけ抱っこ**しましょう。そのうちひとりで歩きたい、ひとりで遊びたいという欲求が出てくるので心配はいりません。

赤ちゃんの「遊び」

積み木遊びが上手に

積み木は立体的に組み合わせて、いろいろな遊び方ができるおもちゃの代表。大人が積み、赤ちゃんが崩すことを楽しみ、声を上げて喜ぶ姿も見られます。プラスチックのものより、木製のものがおすすめ。上からビー玉を落として遊べるタイプも楽しめます。

2歳

2 years old

できることが増える半面
魔の2歳児でイヤイヤ期突入

自分の名前が言えて2語文で話し始めます

「魔の2歳児」と呼ばれるほど、大人が困る場面に突き当たることも多くありそうです。できることが増える半面、赤ちゃん要素が残っているので甘えたいときもたくさん。

　自分の名前を言えたり、スプーンやフォークを使って食べたり、大人のまねをすることも上手になりますね。また「ワンワンきた」「ちゅるちゅるたべる」など2語文を話すようにも。言葉をどんどん覚え、親子で会話が弾んで楽しい時間を過ごせます。お友達と一緒に遊ぶことができるようになるのも2歳くらいからです。トイレトレーニングを始める人も多いですね。焦らずその子のペースで進めましょう。

3歳未満の平均体重＆身長

	男の子	女の子
体重	10.0~16.0kg	9.3~15.2kg
身長	81.1~97.4cm	79.8~96.3cm

２歳になると何でもおもちゃに。パソコンのマウスでもしもし～♪

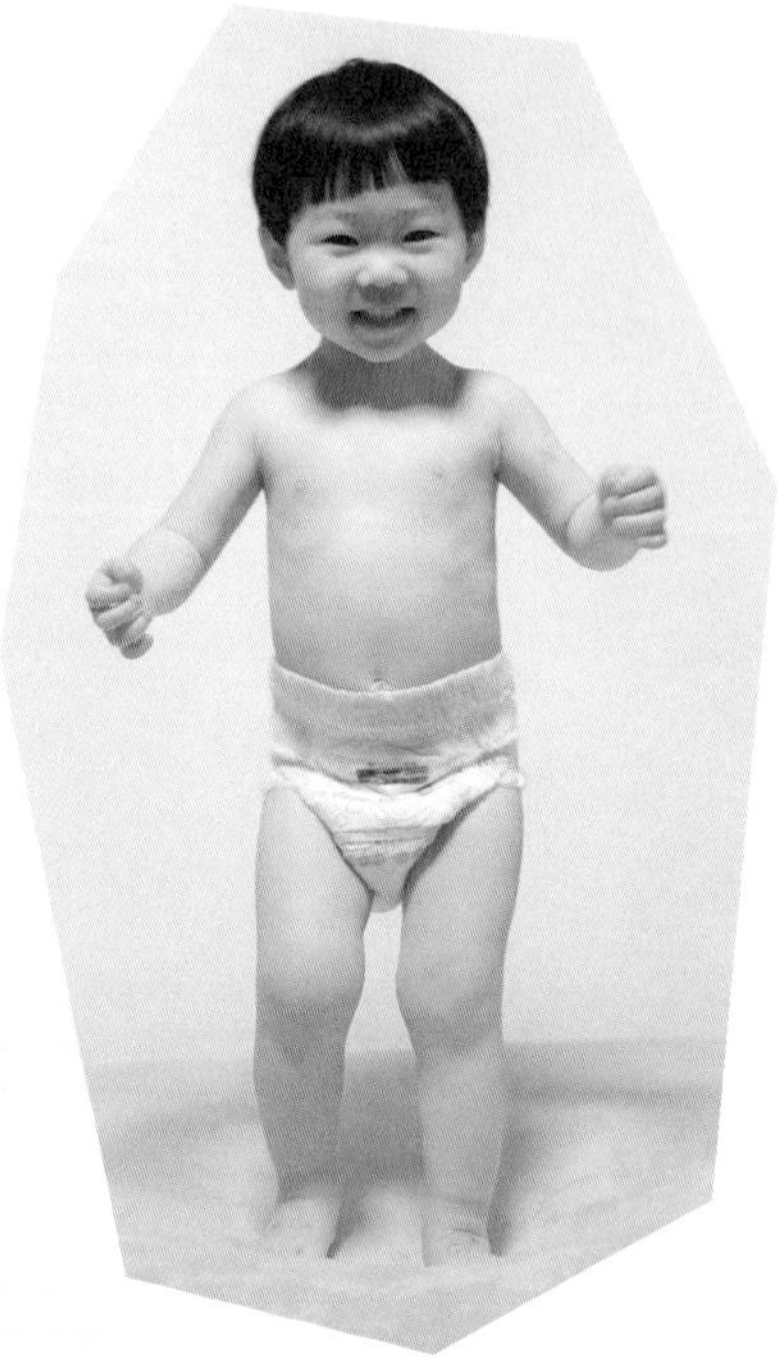

朗理《あきのり》ちゃん
体重 10.6kg
身長 82.7cm

珠里《じゅり》ちゃん
体重 8kg
身長 78cm

ママの足にのって「飛行機～」。バランスもよくなり、体を使った遊びも上手に。

自分の意欲≠できる能力

やりたいけどできない、やりたい意欲とできる能力が釣り合っていない自分がもどかしくて、イライラするのが2歳児。自我が芽生えて、プライドも出てくるでしょう。でもまわりはまだ自分を赤ちゃん扱いしてくることに、反発する子も。できないことは多いですが、失敗してもチャレンジしたことをほめてあげて欲しいのです。できないこともいつかはできるようになり、できた体験を積み重ねることは、その子の心を満たしてあげることにつながります。この時期は手がかかるものと覚悟して、しっかりと寄り添ってあげましょう。そうすることで、その後の成長が早く、魔の時間が早く終わるかもしれませんよ。

歯みがきすることは当たり前のことに

イヤイヤ期真っ最中は、歯みがきをいやがることもありますね。大人がやってあげたり、ママやパパ自身が楽しそうに歯みがきしているところを見せたり、気長に付き合って。歯みがきだけでなく、手洗い、うがい、洗面などいろいろな生活習慣を、このタイミングで「やって当然のこと」として習慣化させると、その後ラクになりますよ。

昨日・今日・明日をまだまだ認識してない

5~6歳までは過去、現在、未来の区別がついておらず、子どもは常に「今」を生きています。記憶力の発達はあまりなく、前のことまでは覚えていないものです。「保育園でどんなことしたの?」と過去について聞いてしまいがちですが、帰り道で「車に気をつけて歩こうね」、ごはんを食べているとき「今日のおかずおいしい?」など、今について話すように心がけて。

お手伝いも楽しい遊びのひとつ

このくらいの年齢から子どもたちは親の役に立ちたいと思っています。楽しみながら、いっぱいお手伝いをしてもらってはどうでしょうか。箸置きを運ぶ、ゴミを捨てる、など簡単なことでいいのです。子どもは本物が大好きなので、おもちゃでなく、全部本物でやらせてあげるのが大事。洗いものをするときに、横に一緒に立ってやらせてみるのもよい経験ですね。しゃもじやスプーンなど割れないものからスタートしてみて。

3歳

3 years old

何にでも挑戦させて個性をのばしてあげましょう

「できることは自分で」を大切に生活習慣を身につけます

顔を洗う、歯を磨く、帰宅したら手を洗うなど、基本的な生活習慣を身につけるのがこのころ。「できることは自分で」を基本に何でもやらせてみましょう。「ママ　ごはん　たべる」などという3語を話し始める子も出てきて、積極的に人とコミュニケーションをとりたいという欲求も出てくる素敵な成長期ですね。指先もますます器用になって、シャツのボタンをかける、お箸を使う、クレヨンで丸を描く、ということも。高い台から飛び降りられるようになりますが、ケガには十分注意しましょう。

4歳未満の平均体重＆身長

	男の子	女の子
体重	11.7~18.8kg	11.0~18.2kg
身長	88.8~105.8cm	87.7~104.5cm

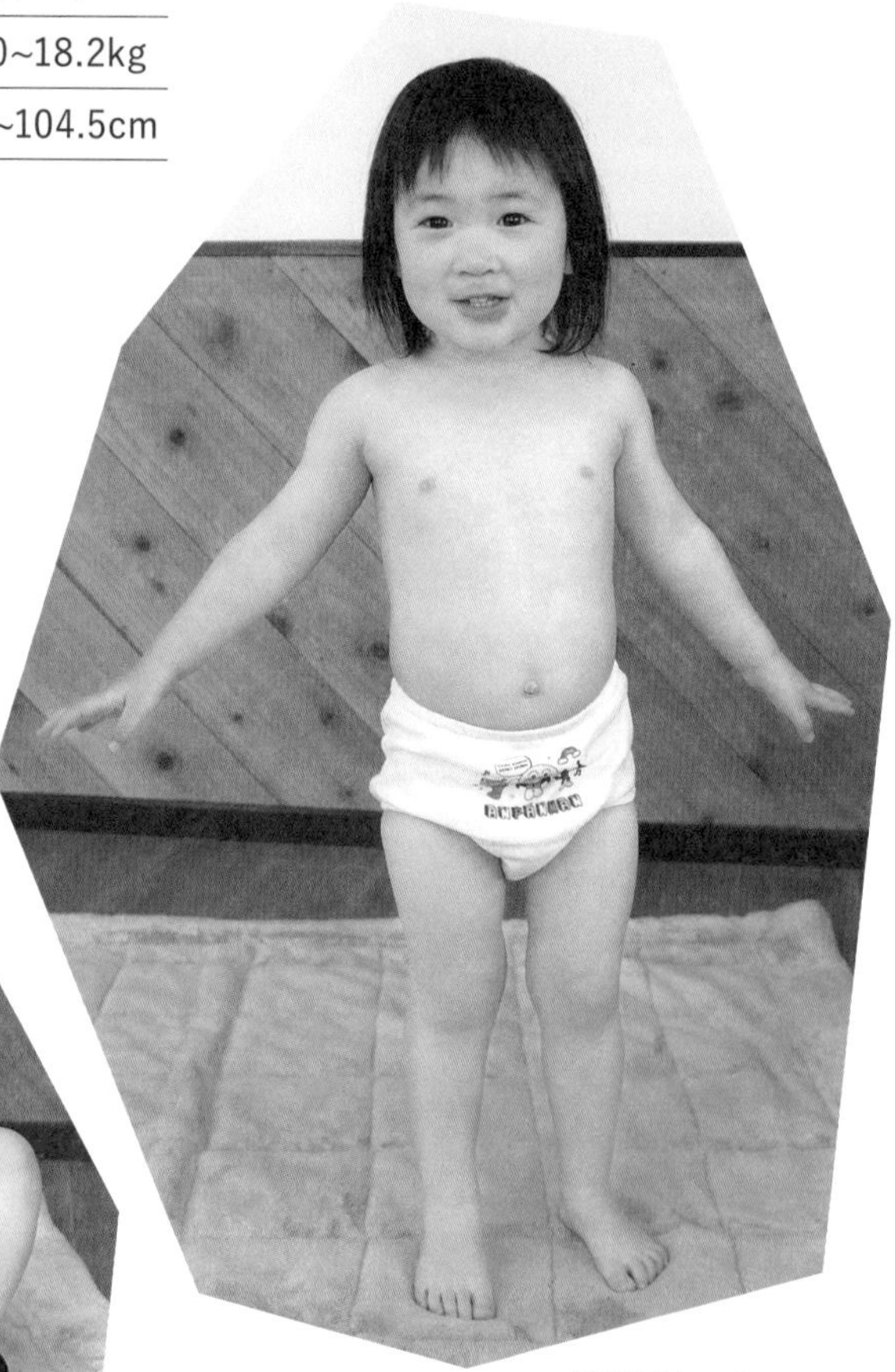

紗和子ちゃん
体重 11.4kg
身長 86.8cm

自分で洋服を脱ぐこともできるように。自分でページをめくって、絵本も楽しめます。

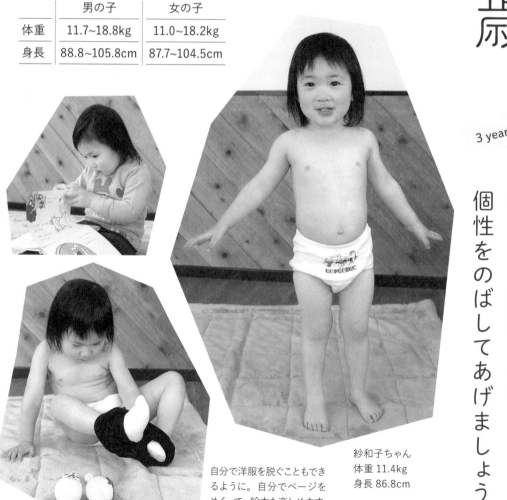

その子の個性を大切に

個人差や男女差が顕著になるときですが、大人の主張を押しつけないように。外で遊ぶことが好きな子、家で折り紙や読書をするのが好きな子、いろんな子がいます。**その子が楽しいことが幸せ**なので、男の子だから外で遊んで欲しい、などと思う必要はありません。その子らしさ、個性を大切にしてください。きょうだいがいる場合、同じように育てていても、全然違って育つのが個性。その子に合った対応の仕方、ひとりひとりが喜ぶことは違いますよ。

親も「待つ」ことで心が豊かに

大人が思うように進まないので、子どもがやることについ手助けをしたくなりますが、**「待つ」ということは親にとってもよい試練**です。「今の忙しさは本当に必要なこと?」と迷ったその度に、立ち止まって考えて欲しいのです。**手がかかる時期は長くない、子育てはあっという間**です。いちばん大切な時期にママやパパの存在を感じられれば、何歳になっても世界中どこに行っても大丈夫。日本人は少々忙しすぎると感じます。もっとのんびり行きましょう。忙しいときは三食まじめに作る必要はなく、あったかいご飯があれば大丈夫。常備菜、納豆などすぐ食べられるものを日頃から準備しておけば安心ですね。

親も「待つ」ことを覚えると心豊かになれます。忙しい日々の何もしない時間を楽しんでみてはいかがでしょうか。ぜひ待つ時間を楽しみましょう。

自分で意欲をもって食べるように

そろそろ幼稚園に行くタイミングの子もいるので、少し食事のアドバイス。幼稚園に通い始めると、**お弁当の時間に先生に食べさせてもらうのを待っている子**がいるそうです。それは、家で親に食べさせてもらうのが習慣になっているから。これでは成長のチャンスを奪うことになりかねません。床やテーブルは汚れたらきれいにしたらいいのです。自分から意欲をもって食べることは大切なこと。**食べることが好きな子になって欲しい**ですね。

赤ちゃんの「遊び」

ルールのある遊びができるように

積み木、絵本のほか、言葉が増えてルールを理解できるようになるので、しりとりやかるたも楽しめます。家族でじゃんけんをして、勝った人がもらえるなどルールを作っても。ごっこ遊びが好きな子には、創造の世界につながるように絵本の主人公にしてあげてもいいですね。子どもは何でも遊び道具にしてしまう天才です。親子で何でも楽しんでみて。

ベビーマッサージで赤ちゃんと触れ合いましょう

服を着たまま！ いつでもどこでも！

服を脱がせることなくできるベビーマッサージ。暑さ寒さを気にすることもなく、いつでもどこでもできるのがいいところです。ベビーオイルやローションが合わない、肌が弱い赤ちゃんでも大丈夫。起きている時間が多くなる、2〜3か月くらいから始めてみてください。

難しいことは抜きにして、手順通りにできなくても大丈夫。まずは赤ちゃんと触れ合うこと、赤ちゃんに触ることを大切にしましょう。ママの気持ちや時間に余裕のあるときにやりやすいものをひとつだけでもいいのです。赤ちゃんが寝ないときなど、思い立ったときに、赤ちゃんをマッサージしてください。

赤ちゃんにとっていいこと

◎感覚を通して体の成長を促します

ママやパパに触れてもらうことで、刺激が脳に伝わり、愛情ホルモンと呼ばれるオキシトシンが分泌して成長します。

◎自我を成長させます

自己と他者の区別がまだついていない赤ちゃん。触れてもらうことで、「自分」という存在を感じることができます。

◎安心感や信頼感を育む

オキシトシンがたくさん分泌されると、穏やかで、愛情の深い子になります。オキシトシンはママだけでなく、赤ちゃんもパパも出るホルモンです。

ママやパパにとっていいこと

◎産後の体が回復し、心身が安定

母乳を飲ませることで、ママの体から分泌されるオキシトシン。ミルクの場合でも、心地よく感じ、赤ちゃんに触れてかわいいなと思うことでオキシトシンが分泌され、子宮が収縮し、骨盤もとじていきます。これで体も心も安定するのです。

◎赤ちゃんの様子を感じ取る

触れることで、赤ちゃんの体調や機嫌を感じ取ることができます。これは体の本能で、自然と赤ちゃんが求めているものを感じ取れるようになり、何をすべきかわかります。

◎子育ての楽しみ

なぜ泣いているのか、喜んでいるのか、赤ちゃんのことがいろいろわかってくると、ママもパパも気持ちが安定&安心して子育てが楽しくなります。

基本の姿勢

ベビーマッサージを
始めましょう！

ママとパパは正座またはあぐらで。両足を伸ばした状態でもいいです。ママは骨盤がずれないように、片寄らせない姿勢になりましょう。「ゆらゆら〜」など、自然と出てくる言葉をやさしく赤ちゃんにかけてあげましょう。

タオルを使ったワーク

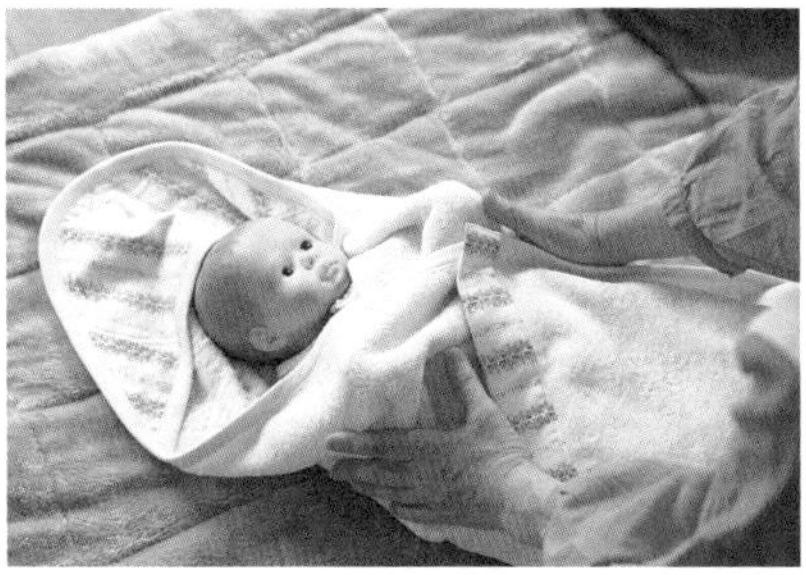

1. タオルで包む

赤ちゃんをバスタオルやおくるみで包み、頭から体全体に触れます。

point まずはタオルで保護して触れることで、赤ちゃんが慣れて緊張がほぐれます。

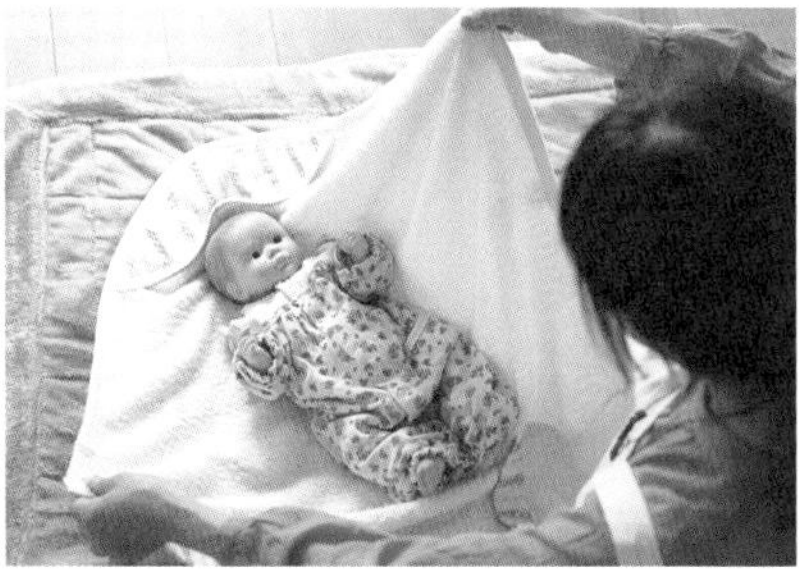

2. タオルで揺らす

タオルの対角を持ち、ゆっくりとまたはリズミカルに揺らします。赤ちゃんを持ち上げず、床から背中が離れないように。

point 揺らしながら赤ちゃんの体の重みを感じましょう。

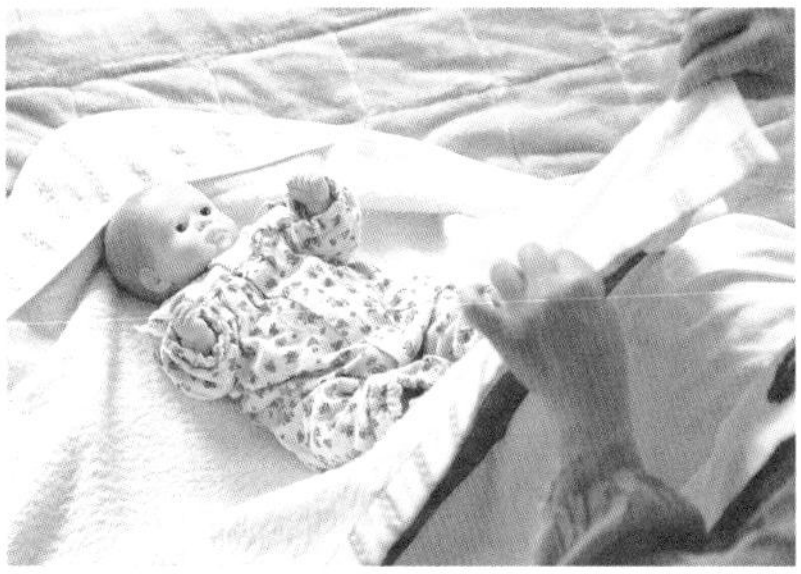

3. 足も揺らす

タオルの下の端を持って、足のほうから全身をやさしく揺らすイメージで。

［あおむけのワーク］

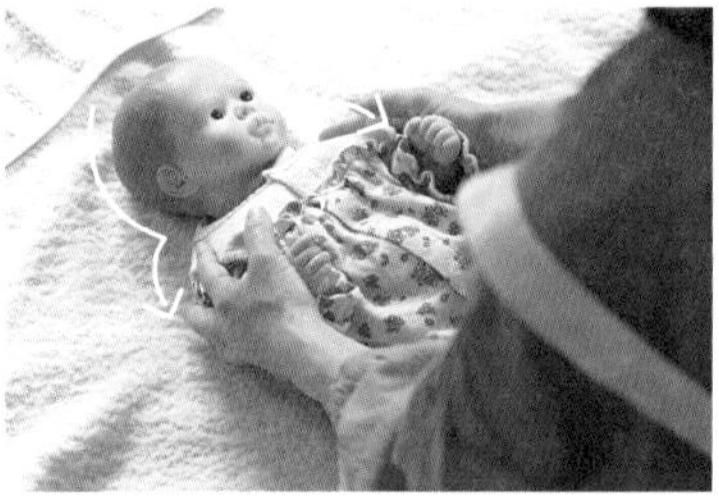

1. やさしく体をなでる

全体を包み込むようなタッチで、頭から足先まで体全体をなでます。

point 服の上から赤ちゃんの体温、呼吸を感じ取りましょう。

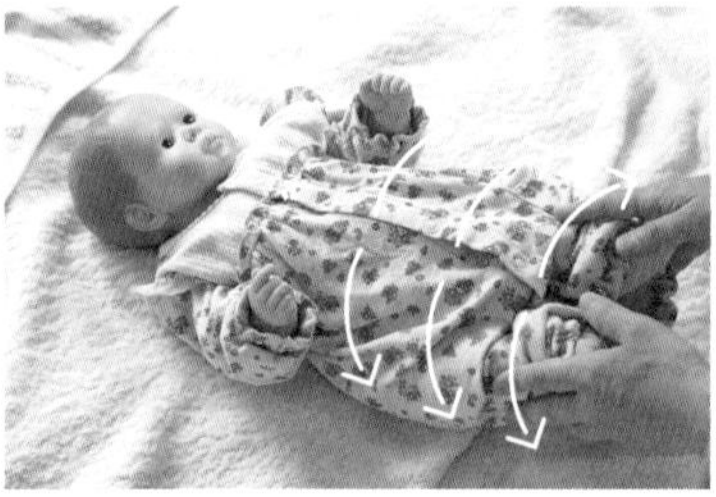

2. 体全体を揺らす

両手を使って、赤ちゃんの体を揺らします。胸のあたりから揺らし始め、徐々に足のほうに下がっていきます。

point 赤ちゃんの体のやわらかさを感じましょう。

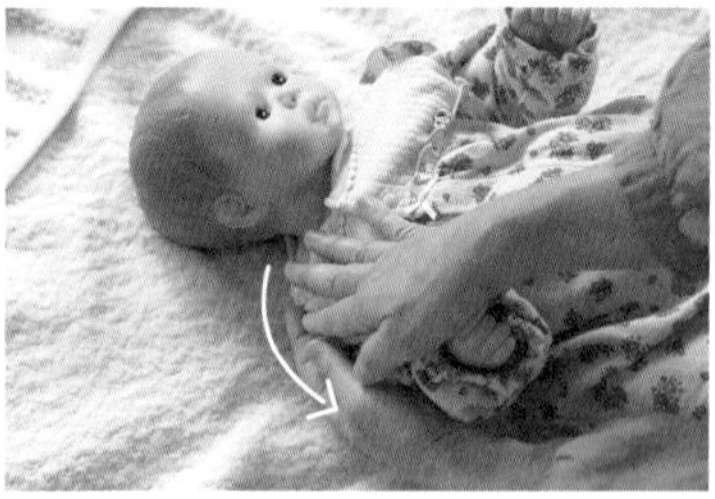

3. 肩から指先まで触れる

両手で赤ちゃんの肩から指先までなでおろします。左右の両方ともマッサージします。

point 鎖骨、肩甲骨から腕のつながりを感じるように。

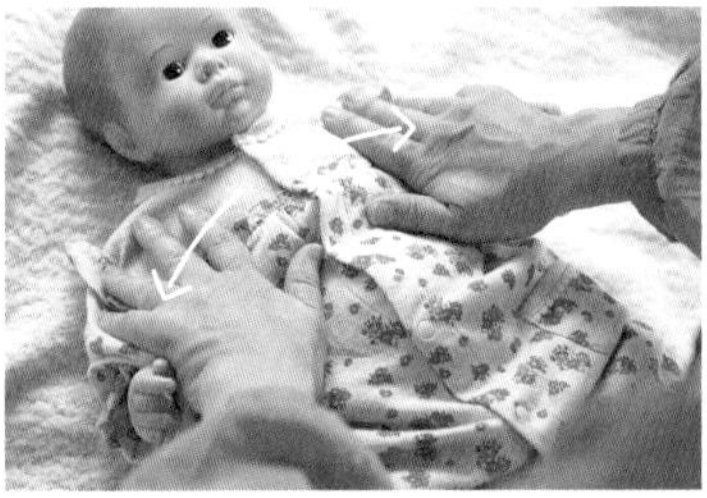

4. 胸を広げる

赤ちゃんの胸を中心から左右に広げるようになで、腕のほうまでなでます。

point 呼吸が広がっていくようなイメージで。赤ちゃんの呼吸も広がります。

5. 背中に触れる

両手を赤ちゃんと床の間に入れて、背中の真ん中くらいからトントンと上下にバウンスしながら、背中から足のほうに移動していきます。腰も足もトントンと揺らします。

point リズミカルにやさしく。赤ちゃんが好きな動きです。

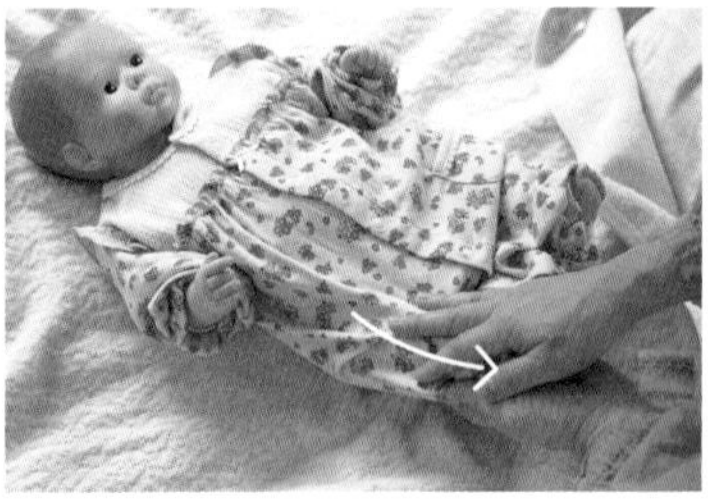

6. 足に触れる

両手で赤ちゃんの足を付け根から指先まで触れます。左右とも行います。

point 「ここからが足ですよ」と赤ちゃんにわかってもらいましょう。大人は骨盤から足へのつながりを感じて。

［うつぶせのワーク］

首がすわって、手をついて首を上げられる時期から。

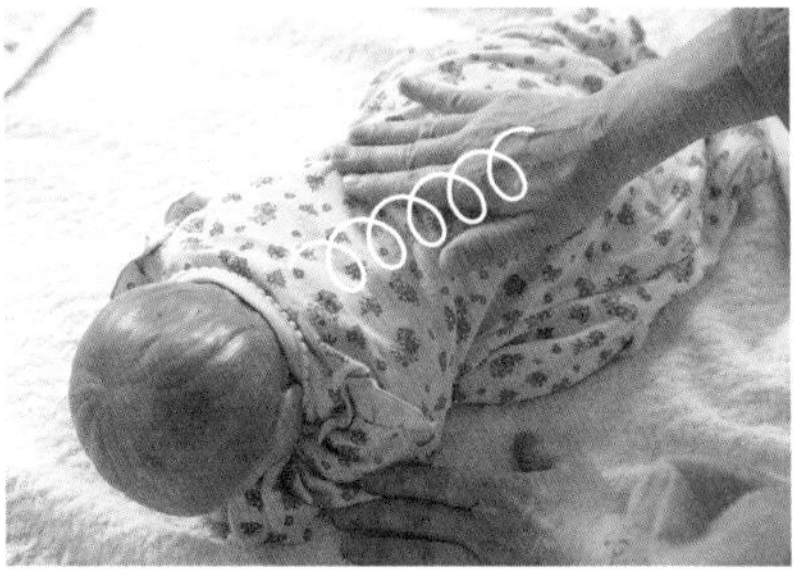

1. 背中に触れる

片手の四本指で、赤ちゃんの背中を脊柱に沿って触れます。背骨ひとつひとつをくるくる円を描くようにします。赤ちゃんの手は体の下に入らないように。

point 咳が出ているとき、症状がやわらげる効果が期待できます。

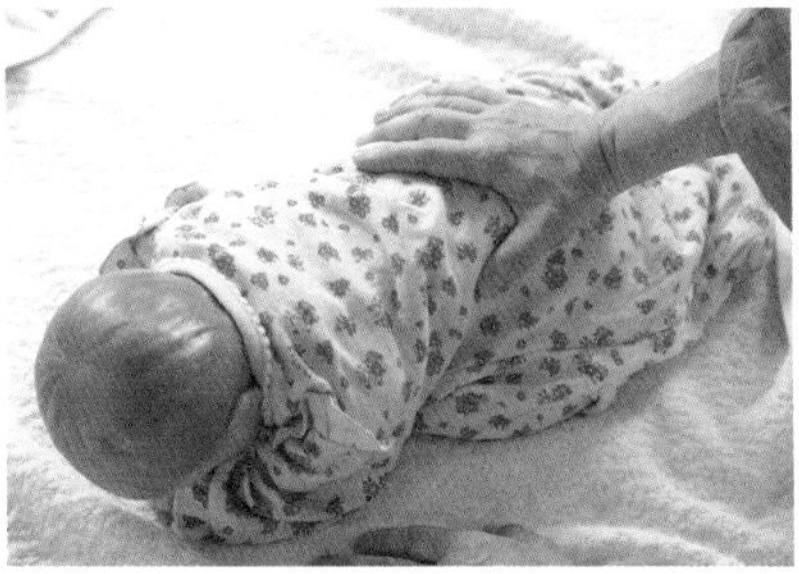

2. おしりを揺らす

片手で赤ちゃんの腰から、おしりを左右に揺らします。

point 「ふわふわ～」「くねくね～」と赤ちゃんの体のやわらかさを声に出しながら揺らしてみましょう。

［座位のワーク］

腰がすわって、おすわりができる時期から。

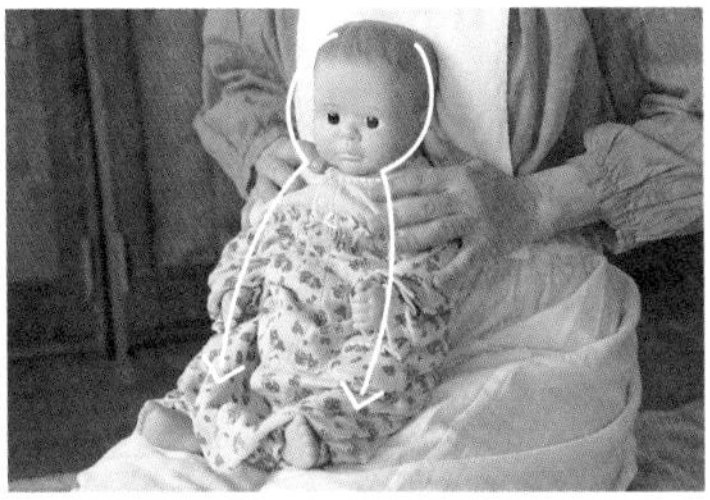

1. 体全体に触れる

赤ちゃんをひざの上に座らせ、頭から足先まで、やさしく体全体をなでます。

point 電車の座席でも、お店でも、座っていればどこでもできます。

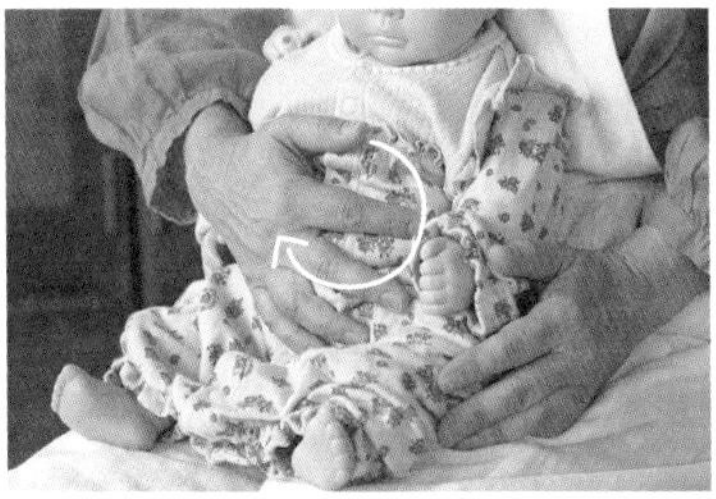

2. おなかに触れる

手のひらで、赤ちゃんのおなかをゆっくりと円を描くようになでます。時計まわりでゆっくりと。

point 便秘解消の効果が期待できます。

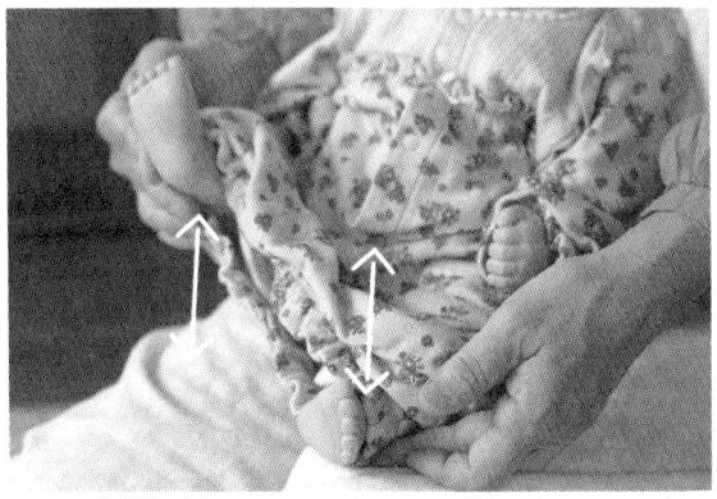

3. 足を揺らす

座った赤ちゃんのひざから下を上へ押し出すように揺らします。片足ずつ、または両足どちらでもかまいません。

point 何度でも。赤ちゃんが喜んだら好きなだけやってあげてください。ただし、激しくやりすぎないように注意。

赤ちゃん育て よくある困った ねんね編 Q&A

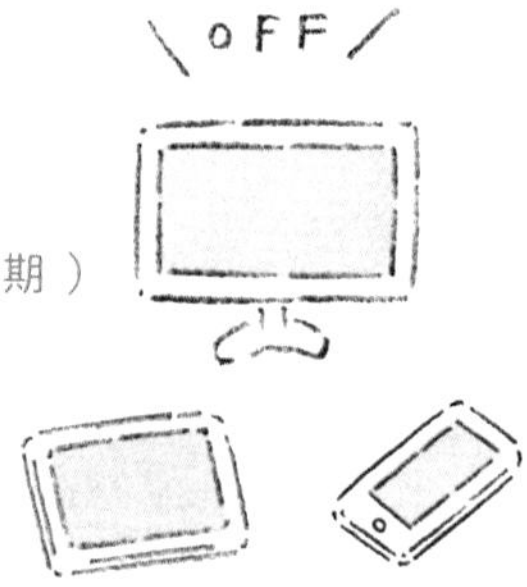

Q なかなか寝てくれません（新生児期）

A きちんと眠れる環境を作ってあげて

外が暗くなったら、音を消して部屋を暗めにして静かに過ごしましょう。赤ちゃんはとても敏感なので、Wi-Fiや携帯の電磁波の影響を受けて眠りにくいことも。目に見えていないものも消して、赤ちゃんがきちんと眠れる環境を整えてあげて。睡眠は“成長ホルモン”の分泌にも関わる大切なこと。パパやママの生活時間帯がズレると、赤ちゃんの睡眠時間もズレ始めます。なるべく規則正しく、過ごしましょう。

Q うつぶせ寝が心配です（2か月）

A 寝ついたら向きを変えてあげましょう

うつぶせで寝てしまうときがありますね。大人が赤ちゃんを見ていられるのであればそのままでも大丈夫ですが、うつぶせ寝は乳幼児突然死症候群（SIDS）の危険性があるので、大人が少しでも目を離すことがあるなら、あおむけまたは横向きに体の向きを変えてから寝かせましょう。

Q 夜泣きはどうしたらいい？（3か月）

A 体を温めてリラックスさせてあげて

来客があった、長時間出かけたなど、昼間にいつもと違うことがあると、夜ふと目を覚ましたときに思い出して泣くことがあります。赤ちゃんの体を温めてリラックスさせてあげてください。タオル温シップ（P110参照）で足を温めるのもいいですね。ママが甘いものを食べすぎていて、おっぱいがまずくなり、赤ちゃんのおなかが満たされずに夜泣きをしていたということもありました。おいしいおっぱいも心がけて。

Q 寝ながら笑っています どうして？（全期）

A 楽しかったことを思い出しているのでは

その日、楽しいことがあったのでしょう。新生児のときから、赤ちゃんも夢をみるといわれています。とてもかわいくてほほえましいですね。

Q 寝ている間に自分の顔をかいてしまいます（3か月）

A 肌の状態をキープすることが大切

まずは爪をちゃんと切って。アトピー性皮膚炎などでかいてしまうときは、ミトンをしてもいいかもしれませんね。とにかく肌の状態がひどくならないようにしましょう。

Q なんだか落ち着かないようで寝てくれません（2か月）

A 赤ちゃんが安心して眠れるおひなまきを試してみて

新生児から3～4か月くらいまでの寝返りする前の赤ちゃんにおすすめのおひなまき。その時期を過ぎると赤ちゃんの動きを妨げてしまいますので気をつけて。薄手のバスタオルや大判のガーゼを用意し、ママのおなかの中にいたように、体を丸くぴったり包んであげます。口はふさがないように巻きましょう。また夏は暑いので避けて。

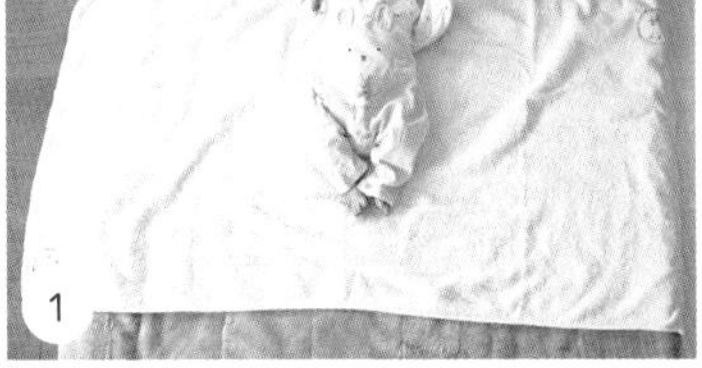

1

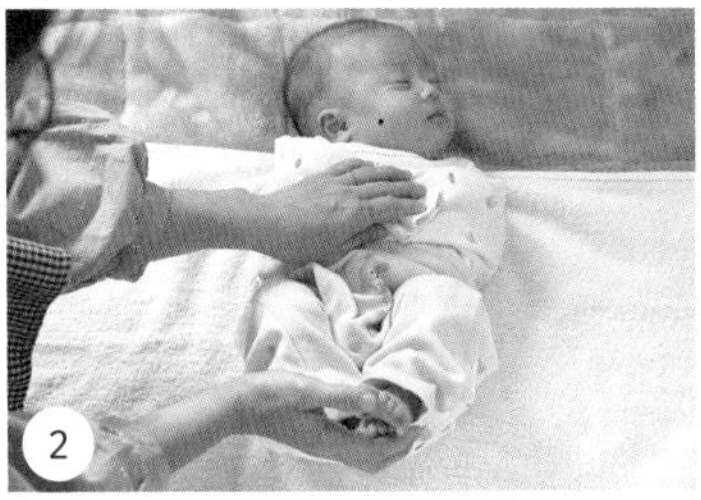

2

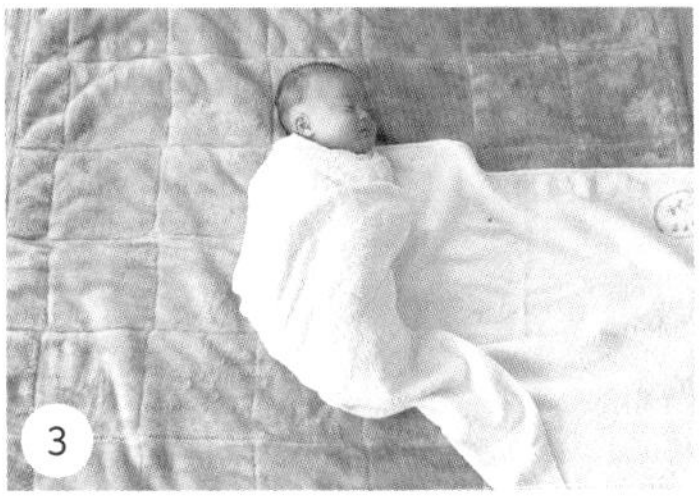

3

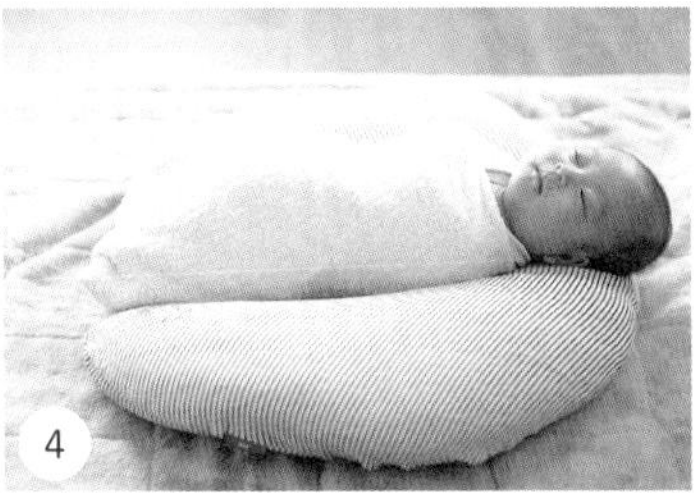

4

①②バスタオルに寝かせ、やさしく手足を曲げます。

③バスタオルの左側で赤ちゃんを包み、余った部分を体の下に入れ込みます。右側も同様に。

④最後は下部の余った部分を体の下に入れ込んでおしまい。背中がカーブする形が心地よいので、U字クッションに寝かせてもいいですね。

トイレ編

Q うんちの色が変 緑色です！（新生児期）

A おなかの中にいたなごりでしょう

緑色は胎便のなごりでしょう。おっぱいやミルクを飲んでいくと、黄色になりますよ。白いうんちは要注意。ウイルス感染などの可能性があります。おしっことうんちの色は体調のバロメーター。母子手帳にうんちの色が載っているので、気になるときは確認してください。

Q うんちに血が混じっていました 受診が必要？（新生児期）

A 少し様子を見てみましょう

腸管に傷がついていて血が出ている場合や、母体の血液を便に排泄するときがあります。赤ちゃんが元気で、1回だけなら様子を見てください。消化管から出血する新生児メレナと呼ばれるものがあり、これはビタミンK不足によるもの。予防のため、助産院や病院では赤ちゃんにビタミンKを投与しているので、最近はあまり見られなくなりました。

Q 紙おむつについて教えて！（新生児期）

A テープとパンツの2タイプ使うポイントも覚えましょう

使い捨てができて通気性がよく、お出かけするときや夜寝るときにも安心な紙おむつ。寝かせた状態で替えるテープタイプ、立たせた状態で替えられるパンツタイプがあります。新生児用から大きいサイズまであり、成長に合わせてサイズアップが必要です。

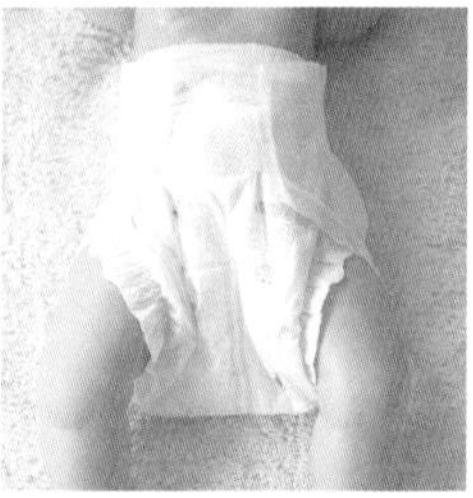

テープタイプのおむつは、全体を広げて股部分にくる立体ギャザーを立て、おしっこやうんちがもれないように当てます。男の子の場合、性器を下げてから、おむつを当てるようにします。布おむつの場合も同様に。

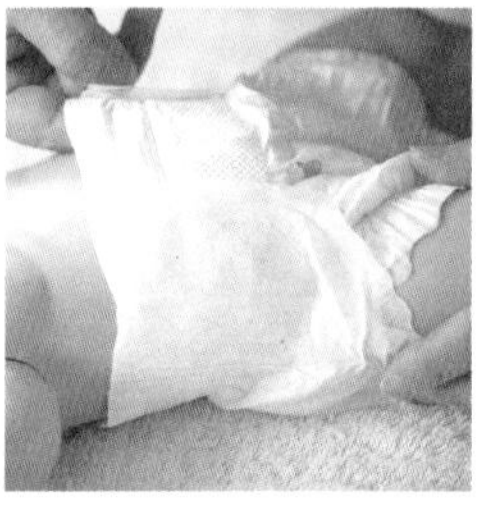

指1本分が入る余裕があるように、ウエスト部分のテープで調整します。ぴっちりしすぎるとおなかが苦しくなるので注意。最後にギャザーが外側にきちんと出ているか確認します。

Q 便秘または下痢のときはどうしたらいい？（6か月）

A おうちでできるケアを試してみましょう

どちらも腸内環境が悪くなっているからです。まずはおうちでできる方法（P96〜97参照）を試してみて、ひどくなる場合は受診を。下痢のときは、大人の手をおなかに当てるだけでも症状が改善する場合も。また赤ちゃん向けの腹巻きを持っておくといいですよ。

Q うんちだけおむつにしたがって困っています（2歳）

A 何度もトイレに誘ってみましょう

おむつでして、おしりに便がついてしまうより、外で出したほうが気持ちいいことがわかれば、トイレでしてくれます。根気よくトイレに誘ってみてください。

Q おむつ替えのときに逃げ出します（10か月）

A 言葉でお願いしてみて

おしりを出したまま逃げ出すのは、裸のほうが気持ちいいからです。たまにはそのまま、自由に遊ばせてあげると赤ちゃんも喜びます。本当に困ったときは、怒ったりせず、「スッキリして気持ちいいから、おむつを替えさせて」とお願いしてみて。きっとわかってくれますよ。

Q トイレトレーニングを上手に進めるには？（2歳）

A その子のペースで進めることです

ママやパパがすごく悩んだり、イライラする必要はありません。トイレでする気持ちよさを教えてあげてください。逆におしっこが出る前にムズムズしているなどの様子に気がついたら、トイレに連れていくチャンスです。いずれにせよ、無理をせず、子どものペースに合わせて。

生活編

Q 靴下は はかせたほうが いいの？（３か月）

A 基本的にはいりません

真冬や寒い地域を除いて、靴下をはかせる必要はありません。特に赤ちゃん期は触覚体験がとても大事。足裏にはたくさんのツボがあり、裸足で生活すると自然と刺激されます。赤ちゃんも幼児も裸足で過ごせば、天然のリフレクソロジーになりますよ。

Q ずっとおんぶで 寝かせても いいですか？（６か月）

A 寝たら下ろしましょう

おんぶができるようになったら、ママやパパの両手があいて、家事もはかどりますね。赤ちゃんも大人の背中にピタッとくっついて、安心してよく眠ってくれるでしょう。ただし、長時間のおんぶはママにも赤ちゃんにも負担になるので、寝たら下ろしてあげましょう。

Q しつけは必要？（２歳）

A しつけをするには まだまだ早いです

例えば、ごはんをこぼさずきれいに食べなさいというのは、まだまだ難しい年齢です。怒る必要はありません。生活する上で必要なルールをやさしく伝えることから始めましょう。「道は端っこを歩こうね」「こぼさないように食べられるかな？」と声がけしましょう。

Q 哺乳瓶の消毒ってどうしたらいいの？
（新生児期）

A **熱湯消毒、液体で除菌など自分に合った方法で**

菌に弱い赤ちゃんが使うものは清潔に保つことが大切です。哺乳瓶は使用後によく洗い、消毒や除菌をしましょう。煮沸消毒のほか、除菌できる液体やタブレットを使ってもいいですね。また、電子レンジで消毒できる消毒器も手軽でうれしいアイテム。自分に合った方法を見つけるといいですね。

洗った哺乳瓶と水を入れ、電子レンジで加熱する消毒器。短時間で消毒できて便利。

Q 洋服の着せ方が合っているのかわかりません
（4か月）

A **1枚少なめと覚えておきましょう**

赤ちゃんは大人よりも体温が高いです。洋服は大人よりも1枚少なくが目安。汗をかいていたら、着させすぎです。また手足をよく触って冷たくないか、確かめてください。特に下半身は冷やさずに温めてください。

Q ついテレビやスマホばかり見せてしまいます…
（1～2歳）

A **特に赤ちゃんにはおすすめしません**

刺激が強すぎるので、赤ちゃんのときは控えましょう。小学校6年生まではテレビもスマホも時間を決めて使って。スマホやテレビに子守をさせるのはおすすめしません。

体編

Q 頭の形がいびつです 治療が必要ですか？（1か月）

A 徐々に整う場合 治療はいりません

出産のときに頭が挟まって、長細くなることもありますが、徐々に整います。寝ているとき頭の向きがいつも同じ場合、意識して反対側に変えてあげてもいいでしょう。ゆがみがどんどんひどくなるときは病院へ。

Q 背中の産毛が濃くて気になります（3か月）

A 時間がたてば薄くなります

その赤ちゃんの体質の場合もありますが、段々と薄くなっていきますよ。心配しなくて大丈夫。

Q 蒙古斑や体のあざがあります いつごろ消えますか？（新生児期）

A 5～6歳が目安ですが 残っても問題ありません

蒙古斑は、青いシミがおしりや背中の下部に見られるもので、胎生期の真皮メラノサイトの残存と考えられています。5～6歳で完全に消える場合が多いです。

Q なんだか育てにくくて（新生児期）

A 舌癒着症の可能性も

抱っこじゃなければ寝ない、体をつっぱったり反らせたりしてずっと泣いている、体重が増えないなど、どうしても子育てがうまくいかないと感じることがあれば、舌癒着症の可能性もあります。舌癒着症とは舌が前の方にくっついているため、気道を少しふさいでしまい、呼吸がしにくい症状。気になる人は一度専門の耳鼻科で診てもらいましょう。

Q なんでも口に入れてしまいます…（6か月）

A 成長する上でなめることはいいことです

赤ちゃんは口に入れることで、ものを確認しています。正常なことです。どんどんなめさせて、触覚と味覚を成長させましょう。ただ、のどを詰まらせるような小さいもの、危険なものは口に入れないように気をつけて。

Q 発達が遅い気がします（1歳）

A 少し遅くても心配はいりません

成長のペースは人それぞれ。寝返りなどの体の動きは、体重が軽い子は身軽なので早く、逆に体重が重い子は少し遅い傾向にあると感じます。本などに書いてあるのは目安です。2〜3か月遅くても大丈夫。おしゃべりが遅い子も大人が話している内容を理解しているようなら心配いりません。同じ月齢の子や少し大きい月齢の子と遊ばせて、発達を促すのもいいですよ。気になることがあれば、自治体の保健師さんに相談を。

Q 最近、おちんちんをよく触っています やめさせるべき？（2歳）

A やめさせなくても大丈夫です

自分の性器を触って確認しているのでしょう。気にしなくても大丈夫。ただ「おちんちんは大事だから、きれいな手で触ろうね」と伝えてあげて。

Q ハイハイやおすわりをしません（6か月）

A ハイハイするスペースを確保しましょう

部屋の動く範囲が狭くて、ハイハイしにくいのかもしれません。赤ちゃんが動きやすいよう、ものをどかして動線を広げてみましょう。おすわりをするタイミングは遅くても大丈夫。おすわりができてしまったら座っていることが多くなって動きが少なくなるので、十分にハイハイをさせてから、おすわりに移行させるのが理想的です。

Q よだれが多いのはどうして？（8か月）

A ママと赤ちゃん両方の冷えが原因かも

経験上、大量に出ている場合はママのおっぱいが冷えている可能性があります。ママの体が冷えているなら、温めて改善を。赤ちゃんの体、特におなかが冷えている場合も。タオル温シップ（P110参照）や腹巻きなどで温めましょう。

Q 左利きは右利きに矯正したほうがいいの？（1歳）

A 個性のひとつ 自然にまかせて

利き手は、2歳くらいまでの間に右手と左手の両方を使いながら少しずつ決まっていきます。左利きかなと思っても無理に右利きにする必要はありません。左利き用の道具も増えていますし、自然にまかせて。

心編

Q パパじゃなきゃヤダ！自己主張が強くて…（3歳）

A 甘えさせてあげて

「パパじゃなきゃヤダ！」「ママの隣がいい！」と強く言われて、ときには困ってしまうこともあるかもしれませんが、幸せなことだと思います。親冥利《みょうり》に尽きますよ。男の子は15歳、女の子は10歳まで、手が離れないものです。ぜひその気持ちにこたえて、甘えさせてあげてください。

Q ぬいぐるみをずっと離しません（1歳）

A それで落ち着くならよいでしょう

海外も含め、乳幼児期に特定のブランケット、タオル、ぬいぐるみなどを離せない子がいますね。スヌーピーに出てくるライナスの安心毛布を思い浮かべる人も多いですね。ママの代替なのでしょう。それで安心して寝てくれるならよいのではないでしょうか。無理やり取り上げて、ストレスをかけないようにしてください。

Q 初めての場所が苦手です（5か月）

A 体から離さず安心させてあげましょう

初めての場所に行って、抱っこから下ろそうとすると大泣きすることがあります。これは場所見知り。赤ちゃんが安心できる範囲を超えてしまっているのが原因かも。その場合、ママやパパはしっかりと抱っこして離さないようにしましょう。

Q 癇癪を起こしたときは どうしたらいいの？（2歳）

A じっくり付き合ってあげましょう

イヤイヤ期真っ最中ですね。癇癪を起こして、親の気をひこうとしているのです。子どもが何を欲しがっているか、子どもの欲求をきちんとわかってあげることが大切です。君のことをちゃんと見ているよ、ということを伝えることも忘れずに。

Q お友達と うまく遊べなくて 困っています（幼児期）

A その子の気持ちを満たしてあげて

言葉が出ないので、気に入らないことがあるとかみついたり、ひっかいてみたり、友達のおもちゃを取ってみたり。それは親の注目をあびたいせいかも。全部の精力を使って親の気をひくのが子どもです。よく話して、気持ちを満たしてあげて。

Q 転んだときに泣き続けます（幼児期）

A ショックが大きいのです

痛み＝ショック。ショックが大きいのだと考えます。こんなときは体も心も緊張し、ストレスがかかっています。ストレスホルモンが出ると免疫力が下がり、傷口の回復も遅くなります。「痛い！」と泣いたら、ちょっとオーバーに包帯を巻いてあげたり、「痛かったね」と気持ちをくんであげると、子どもも満たされて、ショックがやわらぎますよ。

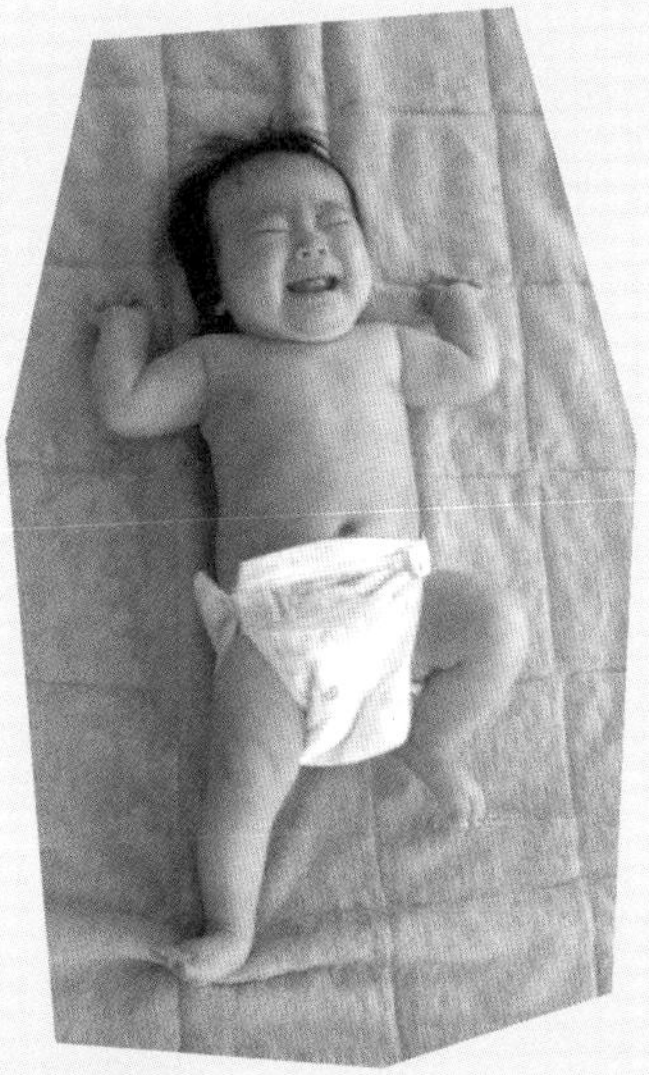

Q 人見知りがひどくて…（5か月）

A 成長のひとつ 心配はいりません

人見知りは他人を自覚している証拠なので、成長の過程です。心配無用。またはママやパパと離れる不安を感じ取っているのかもしれません。逆に一切人見知りをしない子もいますが、この場合も心配はいりません。ママやパパとしっかりとくっついて行動していることで安心しているのでしょう。特に男の人が苦手な子がいますね。これは近くにいるパパやおじいちゃんの出番。よく触れ合って、男の人は怖くないよと安心させてあげてください。

赤ちゃん育て よくある困ったQ&A

ママの体と心 編

Q 夜中の授乳がつらい…（3か月）

A 睡眠障害や疲れすぎが原因です

本来、授乳中のママはホルモンの影響で、短時間でも質の良い眠りができるようになっています。しかし、日々の刺激はよい眠りを妨げます。寝る前にはスマホなどの刺激になることは控え、よい眠りを得られるようにしましょう。また疲れすぎている場合も起きるのはつらいもの。昼間にほかの人に頼って、体を休めることも大切です。赤ちゃんが寝ている間に家事をしようと思わず、一緒に寝ましょう。

Q 帝王切開で産んだことを悔やんでいます（新生児期）

A 母子のために必要だったこと

帝王切開になったのは医療介入が必要だったから。母子ともに無事だったから、次のステップに進めるのです。過去を悔やむのではなく、これからをよくすることを考えましょう。カンガルーケアができなかったと後悔している人は、これからもっともっと抱っこしてあげればいいのです。

Q 出産によって体調がよくなった？？（全期）

A 最大のデトックスですよ！

体温が上がった、肌の調子がよくなったなど、出産後体質が改善されたと感じるママも多いようです。出産で体にたまった老廃物が出たことによるもの、最高のデトックスだと考えます。母乳育児にすれば、体重も元に戻りやすく、体のラインもきれいになりますね。

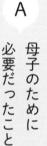

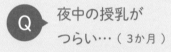

Q 運動不足をどうやって解消すればいい？（全期）

A 家の中でできる運動がおすすめ

なかなか外で運動することは難しい赤ちゃん育て期。この本で紹介している体操やストレッチは道具も不要でいつでもどこでもできます。血液の循環がよくなるので、バランスボールを使ったエクササイズもおすすめです。

Q パパが育児に協力的でない（全期）

A 夫婦でよく話し合うことが大切

見えている世界は人それぞれ違います。自分の気持ちは言葉で伝えてください。察して欲しいというのは難しいもの。伝えるときには、やってほしいことを具体的に言いましょう。何をすればいいのかわかっていないだけというケースも多いですよ。

Q 出産後すぐに友達に会わせてもいい？（産後すぐ）

A 少し大きくなってから会わせましょう

赤ちゃんが生まれてすぐに友人が病院にお見舞いに来ることもありますね。ありがたいことですが、赤ちゃんのお世話や自分の体調もままならないのに、来客対応でママが疲れてしまってはそれこそ大変。また外から菌を持ち込む可能性もあるので、なるべく控えてもらってはいかがでしょうか。生後1か月以降ぜひ会って抱っこしてもらいましょう。親しい人には家事などのサポートは産後すぐでもぜひお願いして。

Q イライラしてつい怒ってしまいました（幼児期）

A そんな日もあります

時には怒ることもありますよ。親になればみんな経験することです。思い通りにいかないのが子育て。ただし、子どもは話せばわかるので、たたいたり、大きな声で脅すのではなく、きちんと口で伝えてください。

Q 泣いている理由がわからない（6か月）

A よく見ているとわかってきますよ

眠い、おしっこやうんちをしたい、排泄したから気持ち悪い、おなかがすいた、暑いなど、泣く理由はさまざま。よく観察して、赤ちゃんが欲していることを与えましょう。言葉が出る少し前の時期は、ほっぺを触って「おいしい」、両手を出して「ちょうだい」など体を使えば子どもの気持ちがわかり、楽しいコミュニケーションにもなります。

Q 上の子と下の子、どちらを優先すべき？（全期）

A もちろん上の子です

生まれてから大人になるまで、兄や姉がいることの恩恵は大きいもの。絶対的に上の子を優先してあげてください。「お兄ちゃんのごはんを作るね」など、下の子に声をかけるのも忘れずに。上の子も自分を優先してもらえると、小さい子をかわいがろうとする気持ちが出てきて、弟妹にやさしくなります。

Q 親同士の交流は必要ですか？（幼児期）

A 大人同士の付き合いも楽しんで

ママ友、パパ友を作ることはいいことですね。親の人間関係が子どもにも影響するので、子どもの世界も広がりますね。外国では「プレイデート」といって、子どもが一緒に遊ぶ機会を親同士が作ることがあります。自分の親がほかの子の世話をしているのを見せるのもよい経験です。赤ちゃん期、保育園や幼稚園でつながった縁はその後も続くことが多いです。

Q 育児がつらいのですが頼れる人がいません（3か月）

A 調べたら、便利なことが見つかりますよ

体の回復のサポートや母乳ケアをしてくれる「産後ケア」を活用してみては？　近年では助成金を出す自治体が増えて、全国に広がりつつあります。松が丘助産院でも利用する人がたくさんいて、産後の体を回復することを大切にゆっくりと過ごしていただいています。抱っこの仕方や母乳ケアなども行っています。施設によって、宿泊、日帰りなど利用できる内容も違うので、ぜひお住まいの地域を調べてみてください。ほかにファミリーサポートなどの子育て支援もありますよ。ぜひご自身に合ったものを利用してください。

産前産後のママをサポートします

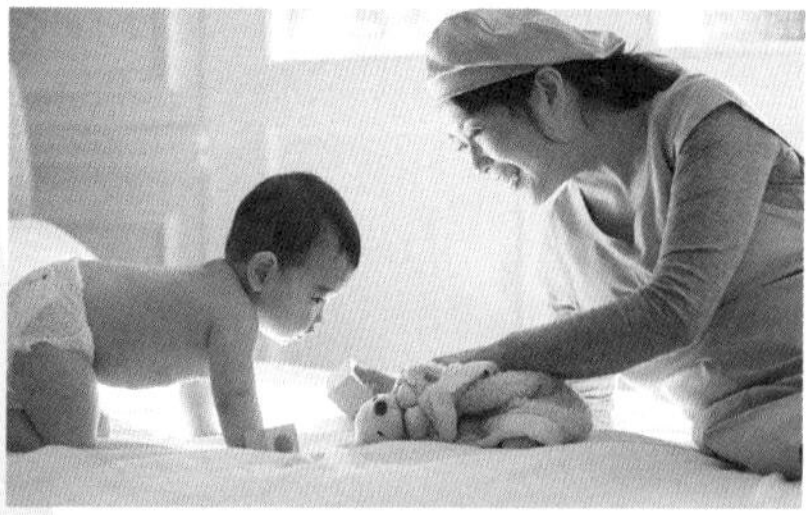

著者の私、宗が代表理事を務めているドゥーラ協会は育児支援だけでなく、家事支援もサポートする団体です。資格を持った産後ドゥーラさんがご自宅に行き、子育て中のママが求めるいろいろなお手伝いをします。各ドゥーラさんによって得意なこともさまざま。おしゃべりの相手をして欲しいと利用する人もいますよ。HP で自分が求めている人を検索して利用が可能です。
https://www.doulajapan.com/

2

母乳育児とおっぱいのケア

ママと赤ちゃんの両方の心と体に、よい影響がある母乳育児。炊き立てのご飯のような香ばしいいい香りがして、必要な量が出て、やわらかいのが理想のおいしいおっぱいです。母乳育児を上手に進める方法やミルクとの併用、卒乳のアドバイスを確認して、幸せな母乳ライフを目指しましょう。

母乳育児はいいことがいっぱい

母乳育児のメリット

［赤ちゃん］

◎免疫力がつき、赤ちゃんの体が丈夫に育つ
◎食事に気をつければ、アレルギーを起こしにくい
◎腸内で正常細菌を増やす
◎栄養バランスに優れている
◎頻繁に触れ合う時間がとれ、愛着形成を育む
◎肌が触れることで、赤ちゃんを保温できる

［ママ］

◎女性ホルモンが分泌され、子宮の戻りがよくなる
◎やせて、体形が戻りやすくなる
◎授乳することで、出産で開いた骨盤がきちんとしまる
◎ミルクを買う必要がないので、費用がかからない
◎1日何度もミルクを作る必要がない
◎おっぱいをあげながら寝かしつけできる

母乳で育てると丈夫な子に

厚生労働省の調査では「赤ちゃんが生まれたら母乳で育てたい」、そう思うプレママは9割を超えているのだそうです。松が丘助産院でおすすめするのも母乳育児。0か月の成長（P14参照）にも書きましたが、まずは免疫物質が含まれる出産直後の初乳をぜひ飲ませてください。そのあとの母乳にも量は減りますが、免疫物質が含まれており、病原菌から赤ちゃんを守ってくれますよ。母乳は栄養バランスにも優れており、タンパク質、糖質、ビタミン、脂質、タウリンがバランスよく配合されています。赤ちゃんにいいことばかりなのです。

どんなおっぱいでも出ます

「おっぱいが出なかったらどうしよう」と心配しているママにお伝えしたいのは乳首がかたい、吸いにくい、小さい、陥没しているというどんなおっぱいでも母乳は出るということ。最初は乳腺が発達していないので十分に出ることは少ないですが、赤ちゃんに吸ってもらうことによって段々と母乳が出てくるのです。きちんと母乳が出るようになるまで産後1か月かかることもあるので、根気よくおっぱいを吸わせること。これが大事。ただ疲れすぎていたり、首や肩がこっていると出ないこともあります。そのときは無理をせず、ミルクにも頼って。ゆったりとした気持ちで過ごしましょう。

おっぱいが出る仕組み

赤ちゃんがママのおっぱいを吸う「吸綴（きゅうてつ）」により脳が刺激され、脳下垂体からプロラクチンが分泌されて母乳が作られ、オキシトシンが母乳を出すように働きます。オキシトシンは別名愛情ホルモンとも呼ばれ、ママに幸せを感じさせてくれるもの。プロラクチンは頭をぼーっとした状態にし、赤ちゃん育てに専念させるホルモンです。

母乳は何からできていると思いますか？　実は母乳の素はママの血液。乳房に運ばれた血液は乳腺で母乳に変わり、乳管を通り、乳口から赤ちゃんの口に入るのです。

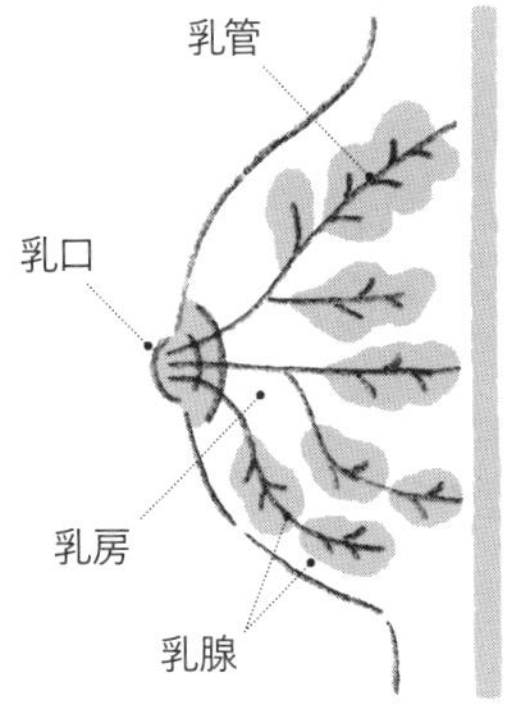

吸われると刺激が脳へ伝わる

よいおっぱいで母乳育児

おっぱいの回数や量は赤ちゃんによっても違うもの。おなかがいっぱいになったらおっぱいから自然と口を離します。松が丘助産院では離乳食を「おっぱいの補完食」と考えていますので、おっぱいは卒乳するまでの赤ちゃんの大事なごはん。まずは母乳で育てることを考えて、よいおっぱいが出るように食事や生活習慣に気をつけましょう。気になることがあれば助産師に相談してみてください。

母乳育児をスムーズに進めるコツ

妊娠・出産時からスタート

母乳をすすめている病院を探したり、出産する病院に母乳で育てたい希望をきちんと伝えることから始めましょう。産後直後にはミルクをあげないようにお願いしましょう。

↓

初乳&乳首に慣れさせる

ママの乳首に慣れることが大切なので、出産後すぐに赤ちゃんにおっぱいを含ませます。動物が最初に見たものを親と思うのと一緒で、赤ちゃんは最初にくわえた乳首になじみやすいもの。哺乳瓶でなく、まずはママのおっぱいを吸わせるように。最初は出なくても心配しないで。ミルクを足しすぎないように注意しましょう。

↓

欲しがるときは欲しいだけ

通常の授乳に加えて、お昼寝のあと、お風呂上がりなど、のどが渇いたときも含め、1日何度でも大丈夫。赤ちゃんが欲しがったら、欲しいだけ飲ませてあげて。

上手な飲ませ方

リラックスして授乳時間も楽しみましょう

出産したらすぐにたっぷりと母乳が出るわけではありません。赤ちゃんもまだ吸う力が弱く、ママのおっぱいにも慣れていないので、ママの体が整って分泌量が増え、赤ちゃんが上手に吸えるようになって、段々と乳量が増えていくのです。

新生児のうちは欲しがるだけ何度でも。1回の授乳時間は5～20分程度と個人差がありますが、おいしい消化のよいおっぱいほど短い時間でも早く満足するようです。リラックスできる環境であげるのがベスト。授乳クッションを使えば、赤ちゃんの高さを調整することもできます。いろいろ試して、赤ちゃんとママがラクな姿勢を見つけましょう。

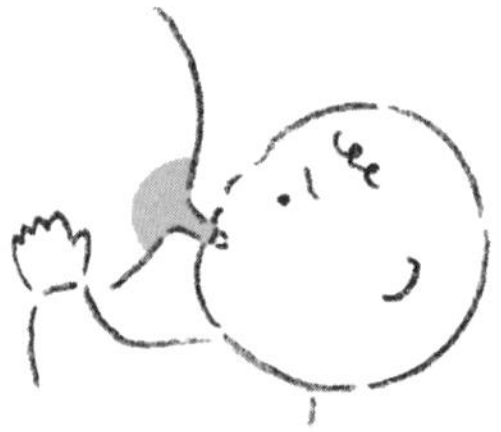

悪い例

乳首の先だけをくわえているときはくわえ方が浅い証拠。ママも痛みを感じます。

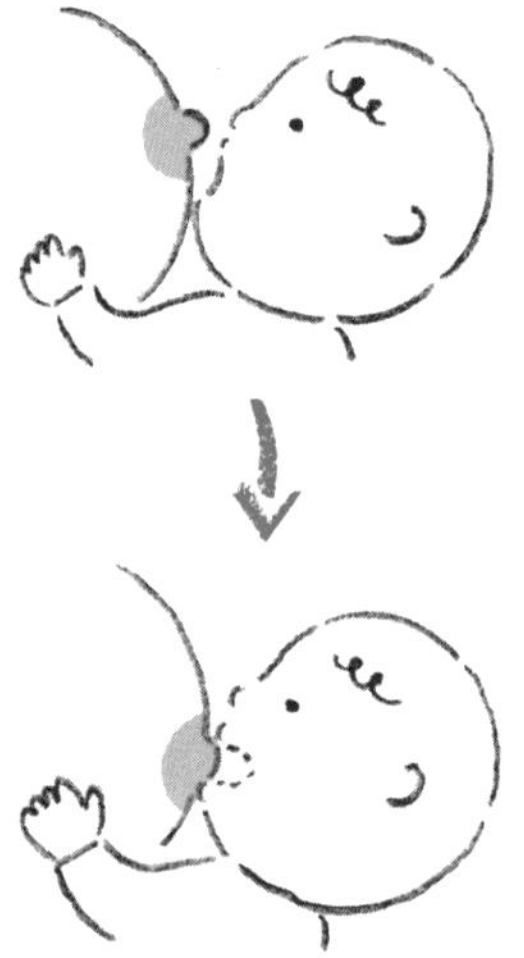

よい例

大きく口を開け、乳首を深くくわえると、赤ちゃんの下くちびるが少しめくれた状態に。

1 抱っこしてくわえさせる

乳房を持ち上げるようにして、乳輪が隠れるくらい深くくわえさせます。最初は難しいですが、お互いに慣れていくので大丈夫。

2 もう一方も飲ませる

左右のおっぱいであげやすいほうがあるかもしれませんが、両方のおっぱいをバランスよくあげてください。張りに違いが出るだけでなく、ママの骨盤のゆがみや足の長さにも影響があります。

3 ゲップをさせる

母乳の場合は出ないことも多いゲップ。ミルクの場合は一緒に空気も入るので、しっかりとゲップをさせて。ゲップが出なかった場合、寝かせたときにゲップとともに出た吐きもどしで窒息しないように顔は横向きに。

授乳時の抱き方

［縦抱き］

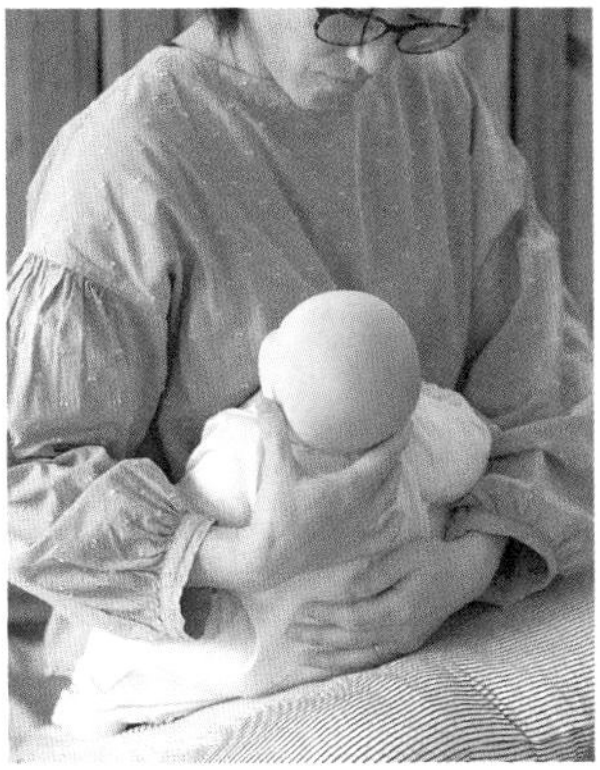

ひざにのせるか抱っこして赤ちゃんを縦にし、正面から乳首をくわえさせる抱き方。首がすわっていない赤ちゃんの場合は片手でしっかりと首を支え、赤ちゃんの口が乳首に届くようにします。クッションをひざにのせれば、ママもラクな姿勢に。ゲップやガスが出やすくなる抱き方です。

［横抱き］

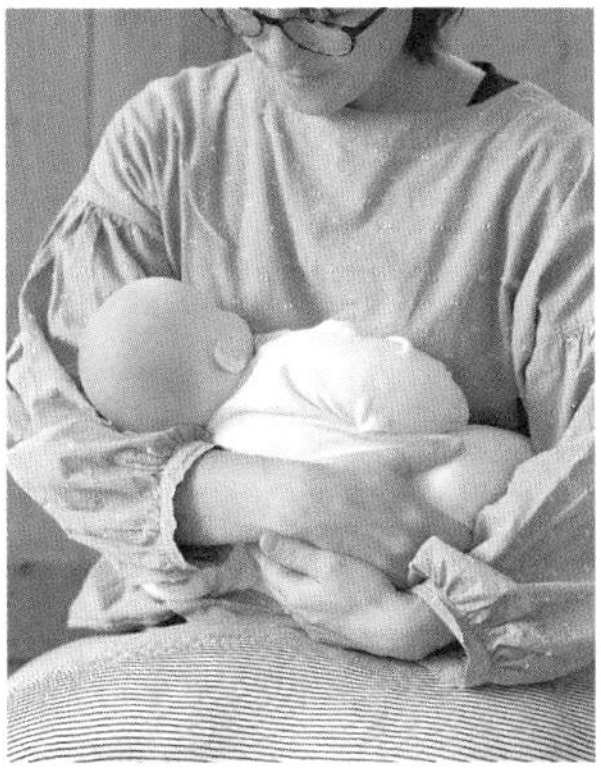

飲ませるおっぱいの側に赤ちゃんの頭がくるように、横向きに抱っこして飲ませる抱き方。首がすわっていないときはしっかりと首を支え、おしりの下に手を入れて腕全体で支えます。赤ちゃんの口が乳首の位置にくるように調整し、体が丸くなるように抱っこしてあげましょう。

［交差横抱き］

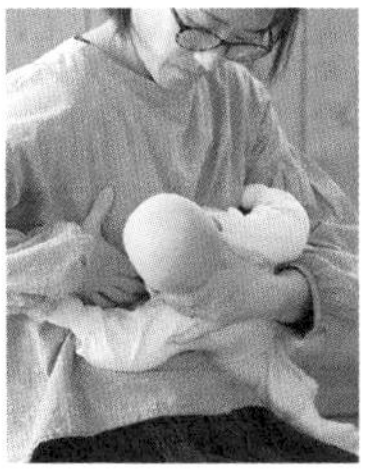

吸い方が浅く、首が安定していない月齢のときに。飲ませたいおっぱいを手で支えて、もう一方の腕で赤ちゃんの体を支えます。上手に乳首をくわえられたら、横抱きにします。

［フットボール抱き］

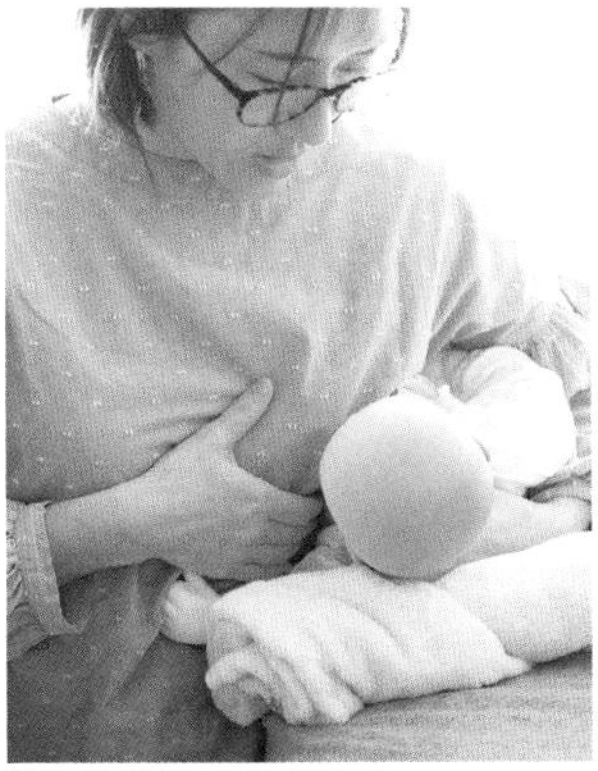

ママの脇にフットボールを抱えるようにしておっぱいを吸わせます。ママは床にすわり、赤ちゃんはタオルなどで高さを調整し、ソファに寝かせればラクチンに授乳できます。

母乳をきちんと飲めているかここでチェック！

- □ 機嫌がよい
- □ 顔色がよい
- □ 授乳間隔がきちんとあいている
- □ 健診などで体重が増えている
- □ おしっことうんちが出ている

元気に成長していれば、母乳をどのくらい飲んでいるか調べる必要はありません。

添い乳でラクチン授乳

布団に赤ちゃんとママが一緒に寝転んで、おっぱいをあげる方法。ママの体を横にして、下になっているおっぱいを赤ちゃんの口の位置に合わせます。夜やお昼寝のときにとても便利です。片方のおっぱいが終わったら同様にして反対側をあげましょう。赤ちゃんが小さすぎたり、おっぱいの形によっては難しいかもしれません。赤ちゃんが吸えるようになったら試してみましょう。おっぱいが大きめの人は、赤ちゃんの口と鼻をふさがないように注意を。

母乳トラブル

全身の不調の代わりに表れる母乳トラブル

我慢できるから大丈夫と考える人がいるかもしれませんが、おっぱいトラブルはほかの病気の代わり。ママが赤ちゃんのお世話をできるように、体調不良をおっぱいでブロックしてくれているのです。大きな風邪をひいているのだと考え、ゆったりと過ごし、まずは全身を休めましょう。我慢せず、症状に合わせたメンテナンスが必要ですよ。

乳首が切れる

まずは食べ物に気をつけること。助産師の経験上、砂糖や小麦、乳製品を多く摂ると皮膚が弱って、乳首が切れることがあります。パンや甘いものの摂りすぎに注意しましょう。「ランシノー」などの羊の油の軟膏を塗って保湿し、そのあとにラップを巻いて保護しましょう。ミルクに切り替えるのではなく、乳首が切れていないほうのおっぱいを飲ませてください。多少痛くても飲ませられる人はそのまま母乳を続けましょう。

カチカチになる&しこり

おっぱい全体がカチカチになって、しこりができるとつらいもの。経験上、原因は疲れと食べすぎの場合が多いです。特に背中がこっている場合があるので、背中をゆるめてリラックス。食事はおかゆとみそ汁、青菜のおかずくらいにして、胃腸を休ませましょう。水分はたっぷりと摂ることを心がけてくださいね。

乳腺炎

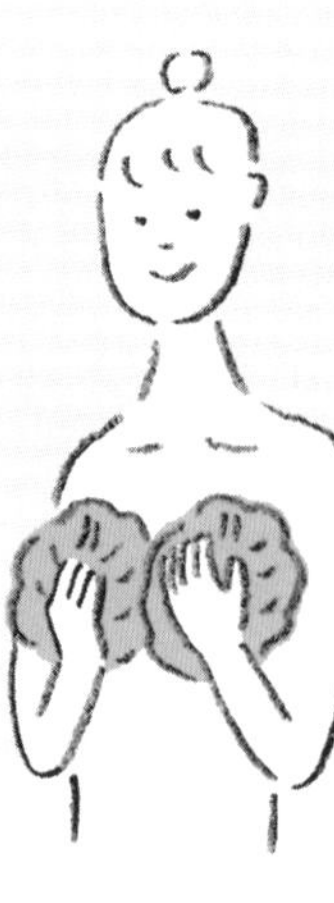

おっぱいトラブルで多いのが乳腺炎。その名の通り、乳腺が炎症を起こした状態をいいます。傷口から細菌が入る、乳腺に母乳がたまるなどの原因がありますが、症状には個人差があります。このことで松が丘助産院を訪れる人で多いのは、ピザなど乳製品と小麦を摂りすぎているケース。魚卵、カレーやステーキ、甘い果物の摂りすぎも要注意です。おっぱいが熱を持ったら、ひんやり気持ちいいキャベツの葉で冷やしましょう。保冷剤では体を冷やしすぎてしまいます。ひどい場合には、乳房を切開してうみを出す場合もあるので、早めに助産師に相談を。

母乳不足

授乳しても泣く、体重があまり増えない、おしっこの出が悪いなどあれば、母乳が不足している可能性もあります。おっぱいを吸ってもらう回数が少ないと、刺激が少なく、母乳が十分に出てきません。とにかく赤ちゃんに吸ってもらうこと！ 3時間おきなどと時間を決めることなく、おっぱいが軌道にのるまでは1日何度でも授乳しましょう。それでもうまくいかなかったら、助産師さんに相談を。

乳頭白斑

血液の滞りで、おっぱいの奥のほうが詰まることが原因。ひどい場合は赤く腫れ上がってうみがたまって、乳房を切開するケースも。ヘルシーな食事をすること、ゆっくり休むこと、水をたくさん飲むことを心がけましょう。冷えからくる場合もあるので、カイロやタオル温シップ（P110参照）で背中を温めて。おすすめは楽健法（P66参照）と腹巻き。授乳中こそ腹巻きをして、体を温めて欲しいのです。さらには赤ちゃんにしっかり飲んでもらうことで、しだいによくなりますよ。

母乳が出すぎる

体の水分は母乳として出るか、尿で排出されるかがほとんど。出すぎる場合は腎機能が低下していて尿から出るべき分が母乳から出ている可能性も。原因が水分不足の場合も多く、怖がらないで常温の水をたくさん飲んで。尿として排出される量が増えて、乳量もバランスよくなることが多いです。出すぎるからといって搾ると、刺激されて母乳がもっと出るので逆効果に。また冷えが原因のこともあり、その場合はおなかを温めることで対応しましょう。

おっぱいトラブルに水分はとても大切です

水は健康に不可欠で、授乳中でなくても2Lを飲むとよいとされています。授乳中は4Lほどの水を飲むとよいでしょう。助産師の経験上、水分をしっかり摂ると、ふわっとしたやわらかい体になることを実感しています。おっぱいが張る場合は、水分が足りないことも多いようです。汗も出ない、尿が出にくいなど排泄がうまくいかない場合も水をたくさん飲んでください。お茶や食事から摂る水分でなく、水をたっぷりと飲みましょう。常温または少し温かい水なら、体を冷やさずにたくさん飲めますね。水を飲むことで母乳の質が上がるだけでなく、肩こり、便秘、皮膚や胃腸の具合もよくなります。さらにはよく眠れることを実感できますよ。

授乳中
薬を飲んだときは

母乳に影響がなく、授乳中でも飲める薬はたくさんあるので、まずは医師や薬剤師に相談を。それでも心配な場合は授乳後に、薬を飲んではいかがでしょうか。薬を飲んでから次の授乳の時間までに、薬の成分が体の中で薄まりますので、母乳への影響も少ないと考えます。また授乳直前に少しだけ搾る、水をしっかり飲むこともおすすめです。

授乳期間におすすめの健康法

踏んでもらうことで血液の循環がよくなります

母乳育児を頑張っているママにおすすめなのは真言宗 磐余山 東光寺・楽健寺 山内宥厳さんの楽にやれる健康法「楽健法《らっけんほう》」。腕や脚のつけ根から指先までを交代でやさしく踏み合う健康法です。経験上、おっぱいの出が悪い原因は、冷えや全身のこりだと考えます。安全に**やさしく踏んでもらうことで、血液の流れがよくなって体が温まり、こった体がほぐされ、おっぱいがたくさん出ることが期待できます**よ。役割を変えて踏む側になれば、青竹踏み運動の数倍の効果があるといわれています。リラックスできて、パパとのよいコミュニケーションにもなりますね。ここでは基本の「足のつけ根の楽健法」をご紹介します。

1

ママは体の左側を下にして横になり、右足を直角に曲げます。パパはママのかかと側に右足を置き、ママの左足のつけ根を左足で5回ほど踏み、ひざに向かって5㎝ずつずらしながら踏みましょう。踏むときは足の裏全体をももにのせるようにし、そのまま真っすぐ下に圧力を加えるよう意識しながら行います。

2

ママの下半身はそのまま、上半身だけ上を向くようにします。パパは右足を、ママの右足のかかとに近い場所に置きます。左足で①と同じように踏みます。反対側の足も同様にしましょう。一通り終わったら、ママが踏む側、パパが踏まれる側に交代をしましょう。

注意点

- 体の左側から行いましょう
- 踏む側は相手の表情や全身の反応を見ながら
- 入浴や食事直後は避けましょう
- 寝る前がおすすめ
- リラックスしながら
- 終了後数分間は安静に
- 急に強く踏まず、やさしく踏み合いましょう

ミルクと混合栄養について

母乳？ミルク？はたまた混合？？

完全母乳にするか、完全ミルクにするか、もしくは両方にするか？出産前に迷う人も多いのではないでしょうか。ママ全員におすすめしたいのは母乳です。そして働くママは育休中は完全母乳、職場復帰したらミルクとの併用がいいと思います。そこでぜひお伝えしたいのは、復帰するときに完全にミルクにするのはなるべく避けて欲しいということ。急にミルクだけになると赤ちゃんにとってもストレスです。**赤ちゃんにストレスがかかることは、順番にひとつずつにして欲しい**のです。朝に母乳を飲ませ、預け先ではミルクを、そして帰ってきてからは母乳をしっかりと飲ませましょう。職場や出張に連れていけるなら、ぜひ赤ちゃん連れで。働きながらでも、母乳は続けてください。授乳について困ったことがあったら、助産師さんが相談にのってくれますよ。

ミルクの足しすぎに注意を

母乳にミルクを足すときに、パッケージに書いてある分量のミルクを足す人もいるようです。それでは多すぎです。書いてあるのは完全ミルクの赤ちゃんのための量の目安。母乳では足りないなと感じたとき、様子を見ながらその子に合わせた量を足してあげてください。

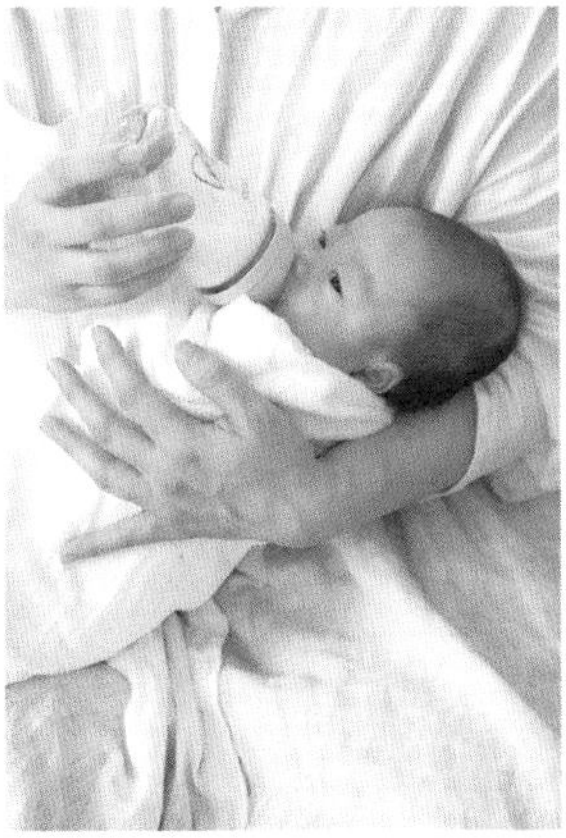

液体ミルクについて

近年日本でも手に入るようになった液体ミルク。缶などから哺乳瓶に入れるだけで飲ませられるので、とても便利ですね。可能であれば、赤ちゃんにとって心地よい温度に温めてから飲ませてくださいね。

哺乳瓶を選ぶポイント

授乳時のママの乳首は舌でつぶされて少し平たい形になります。吸っているときにママのおっぱいのように哺乳瓶用乳首が平たくなるのが、哺乳瓶を選ぶポイント。これは赤ちゃんに乳頭混乱させないためのとても大切なことです。松が丘助産院ではピジョンの「桶谷式直接授乳訓練用 母乳相談室 哺乳器」を使用しています。

卒乳について

卒乳のタイミングは2歳と乳量が減ったとき

まわりの人から1歳くらいで母乳はやめたほうがいいというアドバイスを受けることもあるでしょう。しかしＷＨＯ（世界保健機関）では2歳までは母乳を推奨。個人差がありますが、松が丘助産院でも**2歳くらいまでは授乳を続けることをおすすめ**します。

また授乳回数も多く、乳量が多く出ているときに急にやめるのは、おっぱいが張ってママの体もつらいので難しいかもしれません。ある程度赤ちゃんがおっぱいを吸う回数が減って、出なくなってきたと実感してからがいいでしょう。母乳の出る量には個人差がありますが、ママの生理が始まると乳量が減っていきます。**自然と出なくなったら、このときもやめどき**なのかもしれません。

卒乳すると自分の体にくっついていた子どもが離れる時間が増え、ママが寂しく感じることもありますね。言葉も増えて、ごはんも食べられるのは成長の証。大きくなるための一歩。ぜひ喜んであげてください。

卒乳式のススメ

私がおすすめするのは「卒乳式」。生まれてから長い期間飲んでいたおっぱいをやめることは、子どもにとってそのくらい大事な日。まずは**親子で相談して日を決め**、「今度の日曜日におっぱいバイバイしようね」などと、子どもにも話してお互いに納得することが大事です。好きなキャラクターをおっぱいに描いて「バイバイだね」と伝えたり、**おっぱいなしで過ごせたら「わぁ、えらいね」と目いっぱいほめてあげて**。また、おっぱいとバイバイする絵本を読んであげてもいいですね。

客観的にまわりを見られる3歳ごろになると、友達がおっぱいを飲んでないことに気づき、自分から「おっぱいやめる！」となるケースも。大人が先導しなくても子どもから卒乳することもありますね。その子に合わせた卒乳方法とタイミングを見つけましょう。

卒乳から数日は しっかり子どもをフォロー

寝ているときにおなかがすいたり、のどが渇いて起きてしまうこともありますね。そのために枕元に小さいおにぎりや水を用意しておくのもひとつのよい方法です。おなかが満たされて、また寝てくれます。**2~3日もすれば途中で起きることもなく、しっかり寝てくれるように。**慣れるまでは機嫌が悪いかもしれませんが、じっくり付き合ってあげましょう。

卒乳後のママの体のため 食事に注意を

母乳をやめてから、4~5日すれば張ることも減り、おっぱいが落ち着いてきます。1か月ほど気をつけて欲しいのは、**脂っこいもの、アルコール、甘いものを避けること。**急に妊娠前の食生活に戻すのはママの体にも負担があります。食事に気をつけなければ、卒乳時に乳腺炎を起こし、治療が必要になるケースもあります。

卒乳は失敗してもいい

松が丘助産院には卒乳で悩む親子が相談に訪れることもあります。ママと子どもがお互いにつらそうな状況の場合には「やめるのをやめなさい」とアドバイスすることも。言葉でコミュニケーションがとれる2~3歳になると、「ちょっとだけでいいからおっぱいちょうだい」と言われることも少なくないようです。卒乳は失敗してもいいのです。**無理やりやめさせず、お互いに納得するタイミングがくるまで待ちましょう。**

おっぱいが張ったら 圧抜きを

卒乳時、おっぱいが張るときはつらいもの。そんなときは親指と人差し指で乳輪の外側を全体的に軽く押さえる「圧抜き」をしましょう。やわらかくなったら少しラクになりますよ。指で押さえる際、必要以上に強くつまんで、刺激しないように。逆におっぱいが出てしまいます。仕事などで赤ちゃんと離れているときにも同じ方法で圧抜きしましょう。

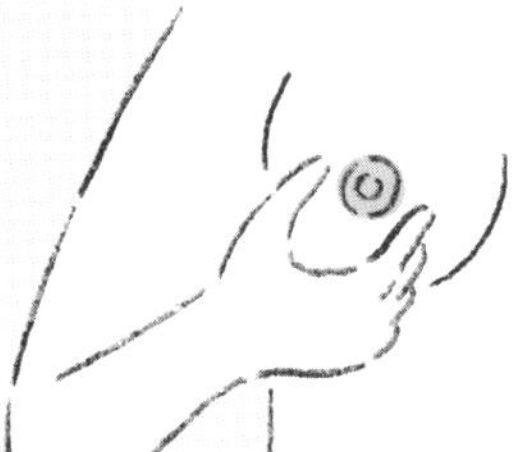

母乳育児 よくある困った Q&A

Q おっぱいは足りている?(2か月)

A **ごきげんに過ごしているなら大丈夫**

機嫌と顔色がよく、体重が増えていれば問題ありません。おしっことうんちがしっかり出ているのなら心配しないで。

Q ゲップが上手にできません(3か月)

A **母乳の場合は出ないことも多いです**

ミルクを飲んでいる赤ちゃんは空気も一緒に吸い込むので、ゲップは出ますが、母乳を飲んでいる赤ちゃんは出ないことが多いです。ゲップが出なかった場合、寝ている間に上を向いてゲップをすると、吐きもどしで窒息する恐れがあるので、横向きにして寝かせましょう。

Q 授乳間隔が定まりません(1か月)

A **段々と定まるので心配しないで**

生後1か月くらいだと授乳間隔が定まらないことも多いです。授乳の時間を決める必要はありません。欲しがるだけ、おっぱいをあげてください。ママは水をたくさん飲んで、食事に気をつけていれば大丈夫。母乳を続けていけば、段々と定まっていきますよ。

Q 母乳が出ません…(全期)

A **まずは赤ちゃんにおっぱいを吸ってもらいましょう**

産後直後は赤ちゃんにとにかくよく吸わせて、母乳の分泌を促して、出るようにしましょう。1日何回と決めずに、何度でもいいのです。また生後6か月くらいでずっと母乳が出ていたのに、最近出ていないと感じるときは、授乳回数が減っていないか確認を。おっぱいを吸わせないとママの体で分泌する乳量が減ってしまいます。そのほか関係しているのは疲労。疲れすぎていると出ないことがあります。その場合しっかり体を休めてください。

Q 授乳時におすすめの運動は?(全期)

A **ラジオ体操がおすすめです**

P66で紹介している二人一組になって踏み合う楽健法もいいですし、ラジオ体操もおすすめ。授乳でいつも前かがみになって体がかたまりがちなので、両手をいっぱい広げる体操をしましょう。

Q 食べたものによって母乳の味は変わりますか？

（全期）

A もちろんです ぜひ味見してみて

授乳しているときは、ケーキやフルーツなどの甘いものは少し我慢して、野菜たっぷりのごはんを心がけましょう。おっぱいがとてもおいしくなる秘訣です。松が丘助産院の産後ケアに訪れるママは、当院の食事を食べて母乳がおいしくなることを5～6日で実感します。おいしいおっぱいは炊き立てのご飯のような香ばしいいい香りがしますよ。

Q 授乳に1時間以上かかってしまいます

（2か月）

A つらい場合はミルクの力を借りて

長すぎる授乳はママも赤ちゃんも疲れてしまいますね。ケースバイケースですが、よいおっぱいの授乳時間は5～10分くらい。おっぱいをただ吸っていたい子もいますので、まずは助産師に相談してみてください。つらい場合は無理せず、ミルクの力も借りましょう。

Q 完母だったのでミルクを飲みません

（6か月）

A 赤ちゃんにお願いしてみましょう

復職のときにはミルクを併用する人が多いですが、職場に連れていくなど、まずは母乳で解決できる道がないか探します。それでもダメなら、ぜひ赤ちゃんにお願いしてみましょう。赤ちゃんはこちらの言っていることをよく理解していて、きっとわかってもらえますよ。

Q 長時間寝ています。起こして授乳すべきでしょうか？

（全期）

A ママのおっぱいが張ったら起こして

完全母乳でもよく寝る子はいますね。どのくらい寝ているかにもよりますが、ママのおっぱいが張りすぎるのであれば、起こして飲んでもらってもよいと思いますよ。人によっては授乳間隔があきすぎると、乳腺炎になってしまうこともあるので、注意しましょう。

Q 赤ちゃんがおっぱいを飲みません

（4か月）

A おっぱいがおいしくないのかもしれませんね

甘いもの、脂っこいものを食べているとおっぱいがまずくなります。赤ちゃんはおっぱいの味が毎日変化することも感じ取れているので、おいしくないとなかなか満腹になれずに寝てくれませんし、ぐずりやすいことが多いです。赤ちゃんが手でおっぱいを払いのけるしぐさをするときはおっぱいがおいしくないときです。

Q 夜のミルクをパパに代わってもらいたい（全期）

A 夜はパパを起こさないで

夜だけでも、赤ちゃんのお世話を代わってもらいたいと思うママも多いでしょう。気持ちはわかりますが、男性と女性ではホルモンが違うので、パパに夜中に起きてミルクを飲ませてもらうのは難しいことです。最初の1か月はできるかもしれませんが、その後体調を崩しかねません。出産後の母親は起きられるけれど、父親はできません。ホルモンの働きによる体の違いなのだと理解して、夜の授乳はママが頑張って。その代わり、掃除、洗濯、食事作り、買い物などの家事はぜひパパに引き受けてもらいましょう。

Q おっぱいとアレルギーは関係しているの？（全期）

A はい。授乳期間のママの食事にも気をつけて

ママが食事で、アレルゲンである卵、牛乳、小麦、大豆を摂りすぎると、赤ちゃんにアレルギーが出る可能性があると感じています。ひとつのものを摂りすぎないように。

Q 赤ちゃんが泣くとおっぱいが出てきます（6か月）

A 催乳作用によるものですね

これは催乳作用といって、おっぱいがツーンと感じることがあると思います。赤ちゃんが泣くだけでも、おっぱいが出るようにママの体はなっているのです。

column

授乳がうまくいっている アイルランドのママのメソッド

アイルランド人のママの産後のお世話をしたことがありました。その方はお医者さんをしていて、9人目のお子さんの授乳がとてもうまくいっています。「秘訣は？」と尋ねると、

・ドリンクウォーター（水をたっぷり飲む）
・イートレス（普段より食べすぎない）
・ムーブモア（たくさん動く）

という3つのメソッドを教えてくれました。またそのファミリーは年齢の小さい子から夜7時半にはベッドに入り始め、全員9時には寝る生活。ママも9時に寝て6時に起きるというルーティンで、しっかりと睡眠も取れています。しかも朝ごはんは7時、夕ごはんは6時には食べ終わっているのです。生活リズムも整い、心と体も健やか。これはすごいと感心しました。

3、赤ちゃんごはん

野菜本来のおいしさとだしのうまみを生かした松が丘助産院の「松が丘ごはん」。大人も赤ちゃんも同じものを食べるので、わざわざ赤ちゃん用の食事を作る必要がないのがいいところ。ママのおっぱいもおいしくなり、家族みんなが健康になれる食事内容で、赤ちゃんを卒業しても、ずっと食べ続けて欲しい味です。

赤ちゃんごはんの心得

焦りは禁物

「5か月になったので、離乳食を始めなきゃ」と思うかもしれませんが、そんなことはありません。離乳食はその子に合わせたペースで焦らずゆっくりと。まずは大人がおいしそうに食べているところを見せ、子どもの食に対する意欲を引き出しましょう。**「よだれが出る」「口がもぐもぐ動く」「食べ物に手を伸ばす」、これが離乳食スタートの合図**です。「手を伸ばす」ということは実は高度な難しい行動。食べたくてやっと口に入れられたものは本当においしく感じるはずです。

赤ちゃんごはんは「補完食」です

赤ちゃんごはんは**母乳から離れるための「離乳食」ではなく、「補完食」**と考えます。卒乳するまでは母乳やミルクが基本。赤ちゃんごはんを始めたからといって、おっぱいの回数や飲む量を減らさないようにしてください。欲しがったら、欲しいだけ飲ませてあげて。また赤ちゃんごはんを始めたからといって、欲しがっていないのに毎日あげなければいけない、と考える必要もありません。

ご飯中心の食生活に

来院するみなさんの食事の内容を聞くと、お米を食べる回数が少ないと感じます。家族みんなで、できるだけお米を食べて欲しいのです。パン食ではバターやジャム、乳脂肪分や糖分を多く摂ってしまいがち。和食にするだけで、砂糖と油の量はずいぶん違ってきます。お米かパンで迷ったらお米を、菓子パンではなくおにぎりやお弁当に、チョコやスナック菓子ではなくおせんべいや和菓子を選んで欲しいのです。

松が丘助産院の赤ちゃんごはんのメリット

1

大人ごはんからそのまま取り分けられます

赤ちゃんだけのために、特別に離乳食を作る必要がありません。大人用のごはんを作り、そこからスプーンで取り分けるだけ。野菜のうまみを生かした、シンプル料理が中心です。

2

元気で落ち着いた子になります

風邪をひきにくい元気な子に育つうえ、心が安定し、落ち着いた子になると評判です。さらにアレルギー予防にもなるところが、赤ちゃんごはんのすごいところです。

3

おっぱいがおいしくなります

甘いものや油分を控えた野菜中心のごはんは、おっぱいの詰まりなどのトラブルを解消するだけでなく、さらさらのおいしい母乳を作るので、赤ちゃんもすくすく育ちます。

4

家族全員が健康になれます

低カロリーで栄養バランスがいいため、パパやママのダイエットや肌あれがなくなる効果も期待できます。食生活の見直しは、生活習慣病の予防になり、家族全員が健康になるチャンスです。

決まり・注意点

- 材料は「赤ちゃんごはん」を含んだ大人2人分が基本です。
- 赤ちゃんの食べる量や、食べられるかたさや大きさには個人差があるので、赤ちゃんの様子を見ながら調整してください。
- 料理には、それぞれ各期の目安として取り分けた写真や取り分け方が表記されています。
- 1カップは200ml、大さじ1は15ml、小さじ1は5mlです。
- 「赤ちゃんごはん」は、野菜の味やだしのうまみが効いているため、味つけをあまり必要としません。塩やしょうゆなどの調味料は「少々」が基本です。
- だし汁の分量は、「ひたひた」または「かぶるくらい」の分量です。「ひたひた」は材料の頭がちょっとだけだし汁から見え隠れする状態のこと、「かぶるくらい」は材料の頭がだし汁から出ていない状態のことをいいます。
- 水溶き片栗粉は、分量の片栗粉と水を混ぜ合わせて作ります。

赤ちゃんごはんの進め方

赤ちゃんの様子を見ながら進めることが大切

最初は、スプーン1さじから。口からべぇ～と出すなら、すぐやめます。ごくんと飲みこめるようになったら、進め方の目安を参考に、つぶした野菜も食べさせてみましょう。そのとき、しっかりもぐもぐできているか、また食べたものを消化できているかどうか、赤ちゃんの様子を見て確認しながら進めることが大切です。授乳は食事の後にして、徐々に朝、昼、晩ごはん時も大人と一緒に食べられるようにします。

	おためし期	もぐもぐ期	完了期
	赤ちゃんが欲しがったら 早くても6～8か月	かむ力をつけていく時期 7～12か月	自分で食べるようになる 12か月～2歳
	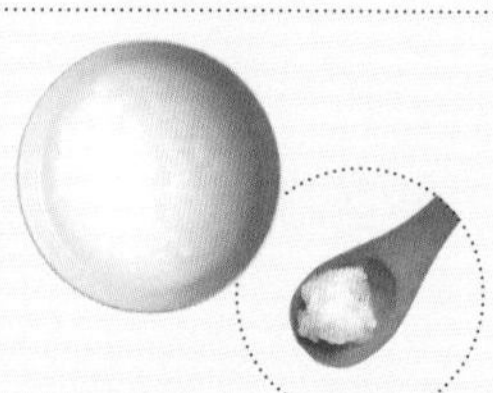		
かたさ・大きさの目安	なめらかなペースト状、もしくはつぶしてマッシュ状にします。水分が足りないと飲みこみづらいので、おかゆに混ぜたり、だし汁でのばしてからあげましょう。	舌や歯ぐきでつぶせる程度のやわらかさと大きさが目安。様子を見ながら、スプーンで軽くつぶしたり、刻んだり、煮汁を足してあげるなどの加減をしてください。	大人とほぼ同じかたさのものが食べられるようになります。大きさはひと口大、もしくは手で持てる大きさに。食べたものがそのままうんちに出てしまうようなら早かったと判断し、もぐもぐ期の状態に戻して。
赤ちゃんの様子	よだれが出たり、食べものを取ろうとします。まだ歯が生えそろっていないので、かむことはできません。最初は口からこぼしたりしますが、そのうちごくんと飲みこめるようになります。	歯が生えてきますが、まだ上手にかむことはできません。食べものを舌や歯ぐきでつぶすのに、もぐもぐし始めます。飲みこむまでに時間がかかるので、ゆっくり待ちましょう。	歯や歯ぐきでかみ切ることができます。手やスプーンを使って自分で食べたがるので、汚しても叱らず、チャレンジさせて。卒乳も焦る必要はありません。おっぱいやミルクも欲しがったらあげて。
食べられるものと量	1日0～1回食。おかゆ、やわらかい野菜、豆腐などが食べられます。1品1さじから始め、最初は1さじずつ、徐々に量や種類を増やして。食べる量の目安は、最終的に赤ちゃん用茶碗3分の1程度。	1日に0～2回食。野菜は繊維があってかみ切れないもの以外は、ほぼ食べられるようになります。肉や魚の一部も食べられるように。食べる量の目安は、おかゆも合わせて赤ちゃん用茶碗半分～1杯くらい。	1日に1～3回食。アレルギーの可能性のある食材以外はほぼ食べられますが、消化に悪い肉や魚は量を控えめにしましょう。食べる量の目安はおかゆも合わせて赤ちゃん用茶碗1杯強くらい。

赤ちゃんごはんの取り分け方

成長に合わせたやわらかさで

赤ちゃんの成長の度合いに合わせて、大人用の皿から直接スプーンで取り分けます。「おためし期」「もぐもぐ期」「完了期」について、それぞれの取り分け方を確認しておきましょう。

じゃがいもと玉ねぎのおかか煮（P83参照）の取り分け方を紹介します。

おためし期

つぶす

やわらかく、つぶしやすい野菜を選び、スプーンの背を使ってペースト状にしましょう。初めて食べさせるものは、1品を1さじずつから。慣れたらいくつかの野菜を混ぜ合わせても大丈夫。塩分が気になる場合は、味つけ前のものを取り分けたり、表面をさけ、野菜の中のほうを使うなど工夫しても。

もぐもぐ期

刻む

やわらかいものは、スプーンやフォークで軽く刻みながら取り分けます。スプーンで刻んだりできないものは、キッチンばさみや包丁で小さく切ってから食べさせましょう。そのとき、細かく刻みすぎると、丸のみするようになり、かむ力が育たなくなるので、様子を見ながら大きさを加減してください。

完了期

そのまま取り分ける

食べやすい大きさに加減しながらそのまま食べさせましょう。手でつかんで食べたい赤ちゃんには、様子を見ながら大きめのものを渡しても大丈夫。かみかみするだけでも、かんで食べるための練習になります。この時期は、赤ちゃんの気分のムラがあるので、好き嫌いは気にしないで。

大人ごはんの見直しから

野菜本来の味わいとだしのうまみを生かした大人ごはん

大人がきちんとしたものを食べていれば、赤ちゃんにもそのまま取り分けてあげられます。松が丘助産院の「大人ごはん」は野菜がたっぷりで調理法もシンプル。砂糖や油は使わず、野菜本来の味わいと、だしのうまみを生かした薄味です。肉も魚も少ししか使いませんが、質のいい素材と調味料にこだわるからこそ、簡単でおいしく満足感も高いです。

煮もの・炒めもの

煮ものは、砂糖やみりんの代わりに玉ねぎを使って甘みを出します。炒めものは、油を使わず、少量のだし汁で炒め煮にします。

汁もの

きちんととっただし汁と、そのときにあった野菜を利用してみそ汁を用意します。具には大根の皮や白菜の芯なども活用。

松が丘ごはんの基本六か条

一、野菜中心の和食で

ビタミン・ミネラル豊富な野菜中心の和食が基本です。特に、葉酸をたっぷり含む青菜は欠かせません。無農薬や低農薬にこだわった、質のいい野菜を使います。

二、甘いものや油分を控える

砂糖は使わず、玉ねぎ、かぼちゃ、金時豆など、自然の甘みを生かして調理します。油分も控えますが、どうしても使いたいときは質のよい植物油を少量使うようにします。

三、乳製品や卵を控える

カロリー過多にならないよう、牛乳、チーズ、ヨーグルトや卵を控えます。これらを控えることでアレルギー予防にもなります。代わりにカルシウムの補給は小松菜や小魚で。

あえもの

酢のもの、ごまあえ、おひたしなど、野菜のあえものは必ず2品。梅、のり、じゃこなどで、味に変化をつけます。

ご飯

基本のご飯は「酵素玄米」。家庭では、五分づきの米に雑穀を加えたものをすすめています。

四、肉や魚も控える

脂肪の多い肉や、海洋汚染の影響がある大型の魚を控えます。どうしても食べたいときは、脂肪の少ない肉の部位や小魚を使います。さらに、豆腐や豆類などでタンパク質を補います。

五、ご飯を食べる

主食はご飯。消化できる人には、玄米や雑穀米をおすすめします。パンやパスタなどの小麦粉を使った加工品は、どうしても油分や糖分を摂りたくなってしまうので控えます。

六、なるべく手作りで

知らないうちに、砂糖や油分、化学調味料や保存料などの添加物を多く取りこんでしまう加工食品。お惣菜を買ったり外食するよりも、自分で手作りすることをすすめています。

おかゆ

赤ちゃんごはんの最初の一歩は、消化吸収のいいおかゆから。水の分量によって、やわらかさを加減して、やわらかさと量を変えながら、ゆっくりと進めていきましょう。

5倍がゆ

材料（作りやすい分量）

米……1合

水……5合（米に対して5倍）

作り方

1 米をとぎ、ざるに上げて10分ほどおく。土鍋に米と分量の水を入れ15～20分浸水させる。

2 土鍋にふたをし、強火にかける。

3 沸騰したら弱火にし、ふたをしたまま噴きこぼれないように注意しながら30～40分炊く。

おためし期	**10倍がゆ** お米に対して10倍の水で作る。
もぐもぐ期	**7倍がゆ** お米に対して7倍の水で作る。 **5倍がゆ** お米に対して5倍の水で作る。
完了期	**3倍がゆ** お米に対して3倍の水で作る。 **軟飯** お米に対して2倍の水で作る。

保存

小さい保存容器に1回分ずつ小分けにして入れ、冷凍保存をしておくと便利。（保存期間の目安は約1週間）

炊飯器でも作れる

炊飯器で米を炊くときに、米と分量の水を湯のみに入れ、内釜の中央にセット。大人用のご飯と赤ちゃん用のおかゆが同時に作れる。

だし

出番が多い昆布とかつお節の一番だし。だしのうまみが効いていれば味つけもシンプルな薄味で十分。その分、質のいい昆布とかつお節を使いましょう。

材料（作りやすい分量）

水 ……… 1.8L
昆布 ……… 2枚（5cm角）
かつお節 ……… 2つかみ

作り方

1 水に昆布をつけておく。（冬はひと晩、夏は調理する直前でも）

2 鍋を火にかけ、昆布からプツプツと泡が出てきたら取り出す。

3 2に手つきざるを入れ、その中にかつお節を入れる。

4 沸騰する直前に火を止め、かつお節が沈むのを待つ。ざるを引き上げ、かつお節をこす。

汁ものはもちろん、野菜の煮もの、油がわりに使って炒めものまで。このだしを使うことで、塩分も抑えられます。

保存

だしが冷めたら製氷皿に流し入れ、凍らせておく。だし汁で溶きのばしたいときに、使う分だけ解凍できる。

赤ちゃんにも大人気の4品をご紹介します。野菜たっぷりで、大人が食べてもおいしい！

青菜は、赤ちゃんの成長に欠かせない葉酸をたっぷり含んだ優秀食材。ゆでてあえるだけの副菜も、かつお節、のり、すりごま、豆腐など、味を変えればバリエーションも広がります。

定番のおひたしは
だしが決め手

青菜のおひたし

材料（2人分）

- ほうれん草……1/2束
- だし汁……大さじ2
- しょうゆ……小さじ1
- かつお節……適量

作り方

1 ほうれん草は根元を落とし、3cm長さに切ってから洗う。熱湯でゆで、水けをきる。

2 1をだし汁、しょうゆ、かつお節であえる。

おためし期

やわらかめにゆでた青菜だけを細かく刻み、さらにスプーンの背でペースト状に。

もぐもぐ期

キッチンばさみで刻みながら取り分ける。

完了期

そのまま取り分ける。

じゃがいもに
だしのうまみを
しみこませて

じゃがいもと玉ねぎのおかか煮

じゃがいもは、加熱するとやわらかくなるため、取り分けてスプーンでつぶしたり、刻んだりしやすい野菜です。ビタミンCをたっぷり含み、消化がいいのも特徴です。

材料（2人分）

じゃがいも……3個
玉ねぎ……1/2個
だし汁……ひたひた
酒……大さじ2
しょうゆ……少々
かつお節……適量

作り方

1 じゃがいもは皮をむき、半分に切る。玉ねぎはくし形切りにする。

2 鍋に玉ねぎを入れ、だし汁をひたひたに加えて中火にかける。

3 玉ねぎが透き通ったら、じゃがいもと酒を加えてやわらかくなるまで煮る。

4 火を止めて、しょうゆを加え、かつお節をふる。

おためし期

じゃがいもと玉ねぎを取り分け、スプーンの背でペースト状にする。

もぐもぐ期

じゃがいもと玉ねぎを、スプーンで軽く刻みながら取り分ける。

完了期

そのまま、食べやすく取り分ける。

素材本来の味を
楽しんで

かぼちゃ煮

材料（2人分）

かぼちゃ …… 250g
だし汁 …… ひたひた
A | 酒 …… 大さじ3
　| 塩 …… 少々
　| しょうゆ …… 大さじ1弱
片栗粉・水 …… 各大さじ1

作り方

1 かぼちゃはひと口大に切る。

2 かぼちゃの皮目を下にして、鍋に敷きつめ、だし汁をひたひたに加える。Aを加えてふたをし、火にかける。

3 煮立ったら弱火にしてかぼちゃがやわらかくなるまで煮る。器に盛り、残った煮汁に水溶き片栗粉を加えてとろみをつけ、かぼちゃ煮にかける。

自然な甘みのあるかぼちゃは、赤ちゃんも大好きな食材。β-カロテンをはじめ、ビタミンC、Eなど、栄養素も豊富なのでおためし期から積極的に食べさせてあげて。

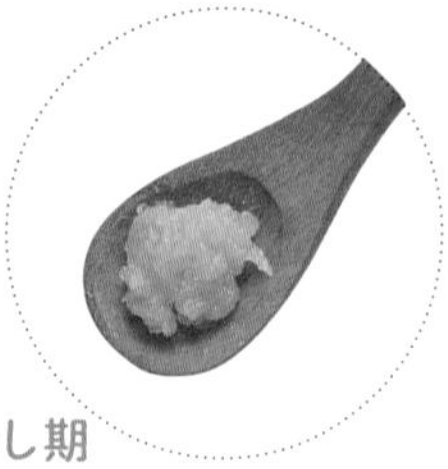

おためし期

皮を除き、スプーンの背でペースト状にする。

もぐもぐ期

スプーンで軽く刻みながら取り分ける。

完了期

そのまま、食べやすく取り分ける。

なめらかで消化吸収のよい豆腐は、そのまま冷奴としても食べられ、手軽に使えるのが魅力。ただし、アレルギー源の「大豆」が主原料であるため、最初にあげるときは注意が必要です。

あんのおかげで
豆腐も野菜も
食べやすい

豆腐の野菜あんかけ

材料（2人分）

絹ごし豆腐……1丁
白菜……2枚
にんじん……2cm
玉ねぎ……1/4個
生しいたけ……2個
だし汁……ひたひた
塩（または塩麹）……少々
酒……大さじ3
片栗粉・水……各大さじ2

作り方

1 豆腐は水きりをし、6等分に切る。白菜の芯はそぎ切りに、葉はざく切りにする。にんじんはいちょう切りに、玉ねぎとしいたけは薄切りにする。

2 鍋に玉ねぎ、白菜の芯、にんじんを入れ、ひたひたのだし汁を加える。少し煮えはじめたら白菜の葉、しいたけも加え、そこに塩と酒を入れ、ふたをして中火で3分ほど煮る。

3 途中で、鍋の中の野菜を寄せ、あいたところに豆腐を入れて温める。豆腐を取り出し、器に盛る。

4 味を見て、塩で調味する。水溶き片栗粉でとろみをつけ、3の豆腐にかける。

おためし期

しいたけ以外を取り分け、スプーンの背でペースト状にする。

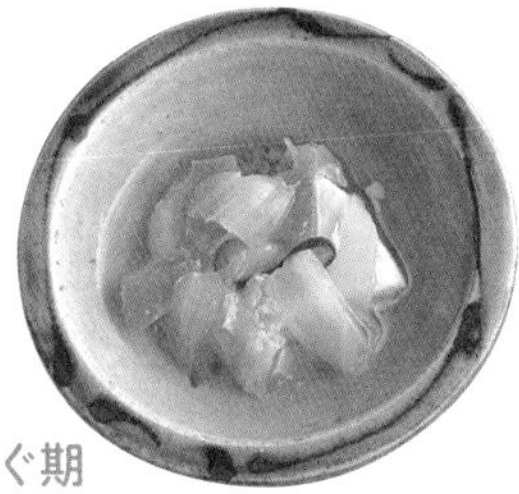

もぐもぐ期

やわらかそうなものを軽く刻みながら取り分ける。

完了期

そのまま、食べやすく取り分ける。

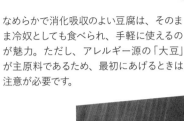

赤ちゃんごはん よくある困ったQ&A

Q 子どものアレルギーが心配です（おためし期）

A 赤ちゃんごはんはアレルギー予防にもなります

アレルギーの原因になりやすい牛乳、卵、小麦粉は使わず、肉や魚もできるだけ控えます。あとは添加物や農薬などの化学物質にも気をつけたいところですが、家で赤ちゃんごはんを手作りするだけで、かなりクリアできているはずです。アレルギーがないかどうかを確認するためにも、1日1品1さじずつ。赤ちゃんの様子を見て、ゆっくり進めていきましょう。

Q 赤ちゃんごはんを食べてくれません（10か月）

A 顔色がよくて元気なら大丈夫！

おっぱいを飲みすぎておなかがすいていなかったり、ほかのものに気をとられていたりすることもあるでしょう。顔色がよくて元気、さらにちゃんと眠れているようなら心配することはありません。食べないときはささっと切り上げ、食べたくなるのを待ってあげて。そのかわり、ごはんを食べたときにはしっかりほめてあげてくださいね。

Q 同じものばかり食べるので栄養不足が心配です（全期）

A 長いスパンで見てあげて

もともと食べられるものが限られているので、同じものばかりを食べる赤ちゃんがいても不思議ではありません。1日2日ではなく、長いスパンで見ると、必要な栄養をちゃんと摂っているものです。さらに、赤ちゃんごはんは母乳の補完食ですから、栄養不足は心配しなくて大丈夫。

Q 便秘になってしまいました（8か月）

A 母乳を多くしてみてください

赤ちゃんが動かないことには、食べものを消化することができません。まだ未発達の胃腸に負担がかかっているのかもしれません。まずは水分不足を補うため、母乳やミルクを多くしてみてください。あとは消化しやすいやわらかさに戻してあげることです。

Q 便利な料理を教えて（おためし期）

A みそ汁とおかゆがあれば十分！

みそ汁は赤ちゃんごはんを進める強い味方。なぜなら、赤ちゃんが食べやすい野菜や豆腐などをだし汁でやわらかく煮て、最後にみそで調味さえすれば、大人ごはんからそのまま取り分けられるから。おためし期の赤ちゃんには、みそ汁のうわずみや、みそを加える前に取り分けて。大切なことは、質のいい昆布とかつお節をたっぷり使って、きちんとだしをとること。だしパックを使用してもいいですが、顆粒の和風だしは控えましょう。

Q 赤ちゃんにおすすめの食材は？（全期）

A ヘルシーな野菜がおすすめですよ

じゃがいも、にんじん、大根などの甘い根菜のほか、小松菜、ほうれん草などの青菜、きのこなどが栄養もあって使いやすい食材ですね。青菜は小松菜より、ゆでてやわらかくなるほうれん草がおすすめです。

Q 魚や貝類もあげてもいいの？（全期）

A 魚貝類は様子を見ながらゆっくりと

まだ消化する力が弱い赤ちゃんにとって、魚貝類は負担が大きいもの。特に魚は白身魚やじゃこから始めて、赤身の魚や貝類を食べさせるのはできるだけ先にのばしましょう。

Q スプーン以外で手軽に刻める方法はない？（全期）

A 離乳食用のはさみがあると便利！

きのこや青菜など、スプーンで刻めないものを切るのに、離乳食用のはさみがあるとより便利。赤ちゃんの目の前で刻むときにも安全で、外食時にも活躍します。

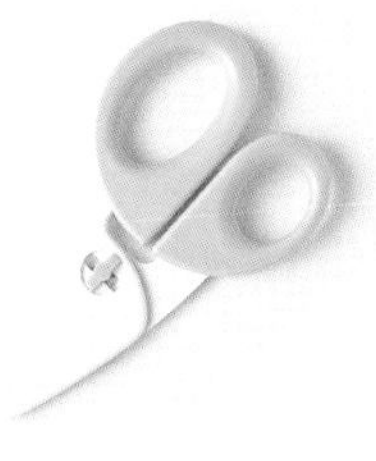

Q 夕ごはんまでにおなかが減るみたい（完了期）

A 第四の食事であるおやつをあげて

基本的に赤ちゃんごはんにおやつは必要ありません。ただし、完了期が終わりを迎えるころ、子どもがおやつを欲しがったりすることも。おやつは食事の延長＝第四の食事と考えて、まずはふかしいもやおにぎりをあげましょう。とうもろこし、プチトマト、きゅうりみそなども、子どもは喜んでくれます。ポテトフライを手作りするのもいいですね。

Q マヨネーズは使ってもいいの？（全期）

A 練りごまなどでおいしく代用を

赤ちゃんごはんでは、油分や化学調味料を多く含むマヨネーズは控えます。ポテトサラダやかぼちゃサラダを作るときは、マヨネーズの代わりに、練りごまとみそをだし汁や酢で溶いたものを使っています。

Q 控えたい食材は？（全期）

A 体の負担にならないものをチョイスして

卵、油、乳製品、脂肪の多い魚、魚卵、油揚げ・がんもどき、豆乳、ナッツ類、パン、糖分・果物、香辛料、カフェインを含む飲みもの、添加物を多く含むもの。赤ちゃんの体に負担になるものは控えましょう。

Q 鶏肉は何を選べばいいの？（もぐもぐ期）

A おすすめは脂身の少ない部位

鶏肉は、脂身の少ない鶏ひき肉、鶏ささみ、鶏むね肉を選びましょう。産地やファーム、飼料も確認するとより万全ですね。

4、

症状別 ナチュラルホームケア

赤ちゃんと産後ママの心と体を健やかに保つためのホームケアをよくある不調別に紹介します。精油、キャリアオイル、タオル温シップ、マッサージなど、自然の力を生かした対処法だから、デリケートな赤ちゃん期から大人まで、安心して行えます。普段から赤ちゃんとよく触れ合い、小さな変化を感じ取ることも大切です。

ホームケアの基本

よく観察し異変に気づくこと

大きくなる上で、病気やケガは避けては通れません。**大事なのは、日頃から赤ちゃんをよく見て、体調の異変に気づくこと。**異変を感じても、必要以上に怖がる必要はありません。熱を出したら、赤ちゃんの体に病気とたたかう力があるということです。どんな病気でも悪化させないように、早めの対処が大切です。

インターネットで調べすぎてパパやママが不安になると、それが赤ちゃんにも伝わっていいことはありません。目の前の我が子をよく見て、まずは大人があわてず焦らず、深呼吸をして動き出しましょう。

ホームケア5か条

一、病気を怖がりすぎない

二、大人がまず落ち着いて

三、赤ちゃんをよく見て、安心させてあげる

四、まずは抱っこして、温める

五、不安になるので、インターネットで調べすぎない

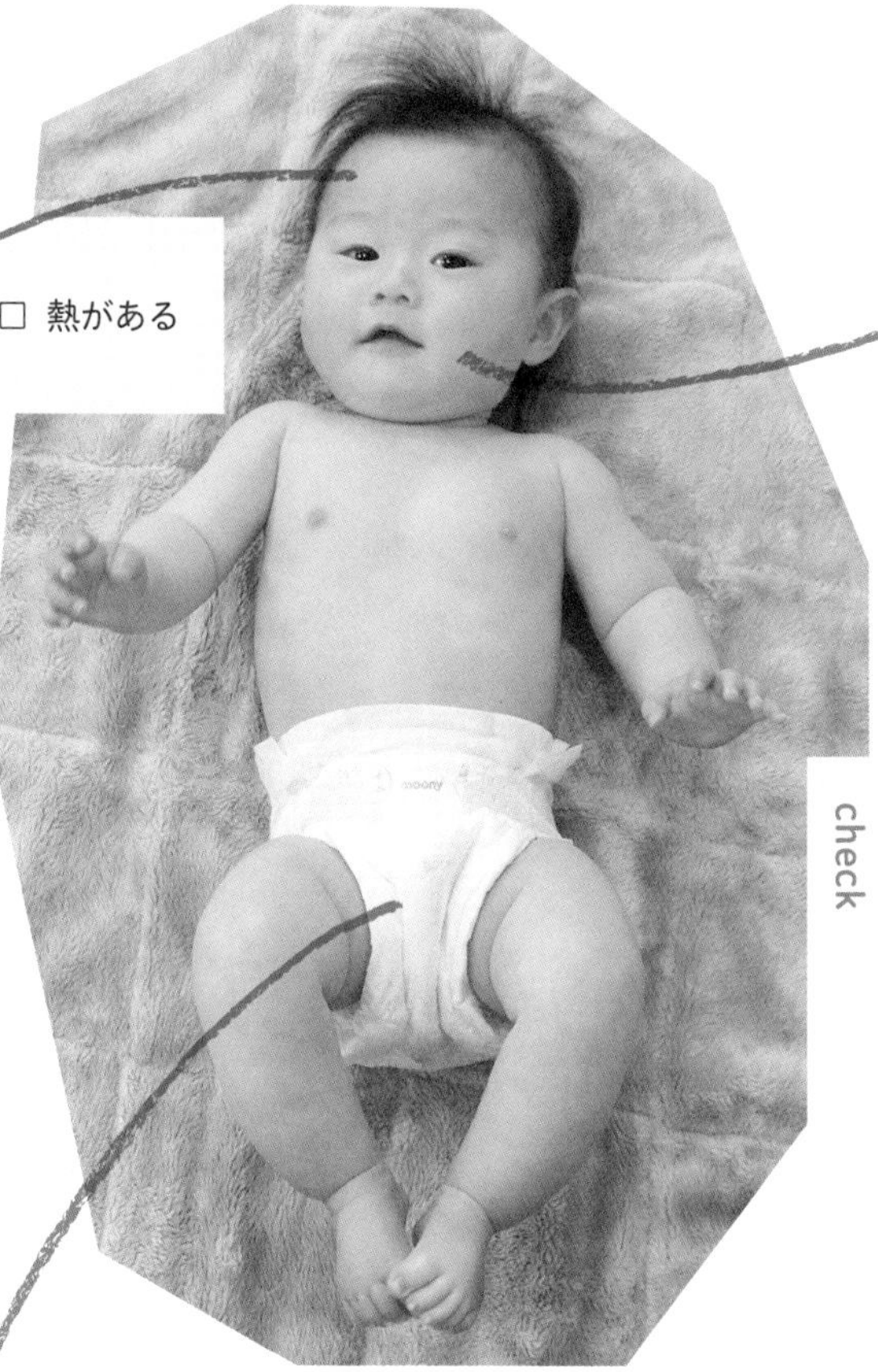

check
☐ おっぱいやミルクを飲まない
☐ いびきをかく
☐ 呼吸が荒い＆苦しそう
☐ くちびるや顔色が悪い
☐ むせる＆よく吐く

check
☐ 熱がある

check
☐ 機嫌が悪い
☐ 肌の具合が悪い
☐ 話しかけても反応が悪い
☐ いつもと同じように手足を動かさない
☐ あやしてもずっと泣いている
☐ 眠れない

check
☐ おしっことうんちがいつもと違う

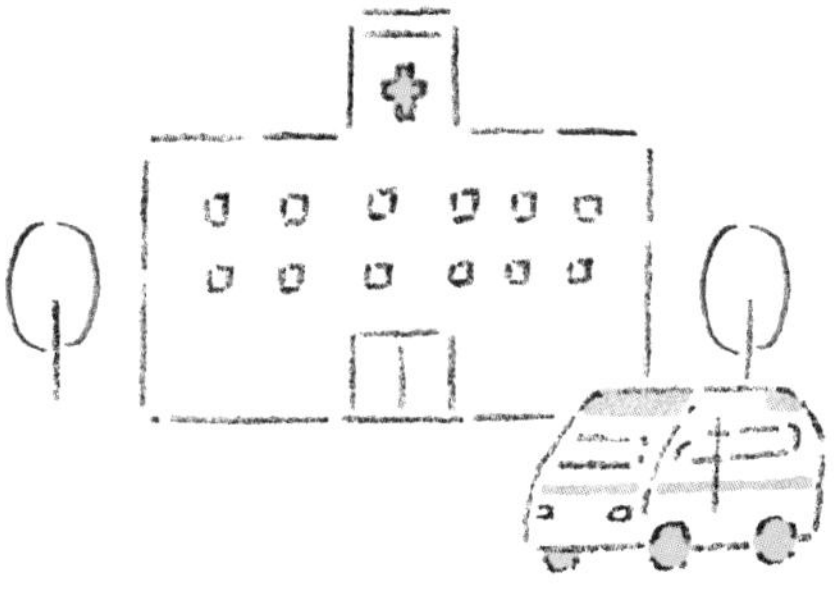

こんなときは受診を

紹介されているホームケアを試しても、病状がよくならない、ひどくなる、というときは医療の力も借りましょう。子どもの意識がない、大きなケガなどは迷わず救急車を呼んでください。

救急車を呼ぶべきか迷ったら（実施エリア外もあり）	救急安心センター事業＃7119に電話を。救急車を呼んだほうがいいか迷うときに相談できます。今すぐ受診が必要かも相談可能。
休日、夜間の子どもの病気に困ったら	こども医療でんわ相談＃8000に電話を。様子を見るべきか、すぐに受診するべきか、医師や看護師が電話でアドバイスをくれます。
地域による夜間・休日外来	お住まいの地域には夜間や休日でも診てくれる病院があります。日頃からチェックして、子どもの急病に備えましょう。

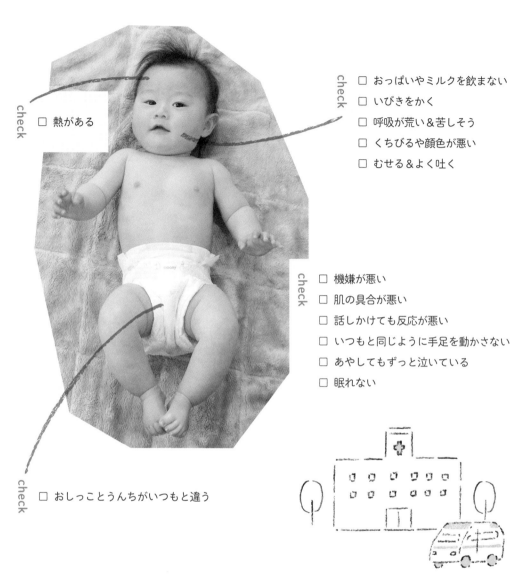

風邪

ママから譲り受けた抗体が減少する6か月を過ぎるころからよくかかるのが風邪症候群。主にウイルス感染により、発熱、鼻水、せき、食欲不振などの症状が出ます。高熱が何日も続くことはなく、ほかの症状もおさまることが多いです。症状に合わせたホームケアで、つらさをやわらげてあげましょう。成長する過程で何度もかかることで、徐々に免疫がつきます。

とにかく体を温めて

風邪をひいているときは、**体が冷えていることが多い**です。キーキーというようないつもより高い声で泣いているのはそのため。やさしく指をつまむ、手足をこするなどして**末端を刺激し、体を温めて**あげましょう。下記で紹介している体の冷えに効く手浴と足浴も効果的。また、ベストを着せるのもおすすめです。

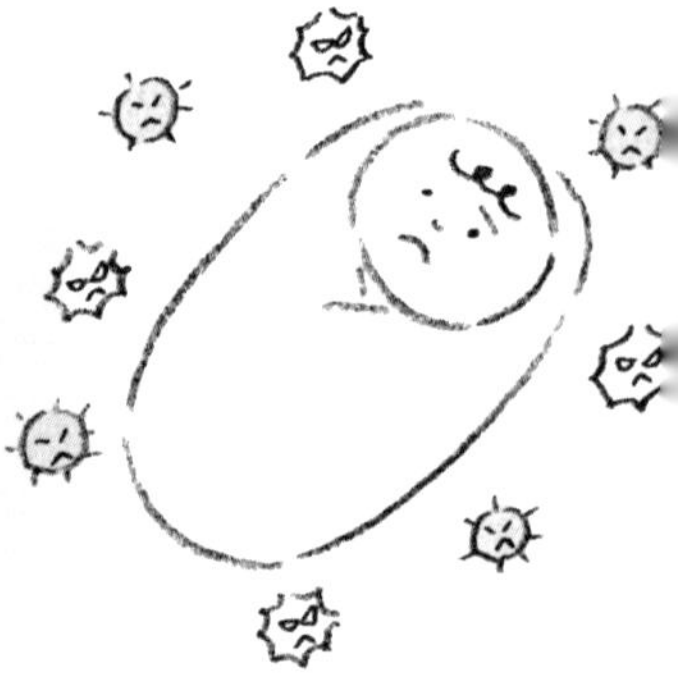

部分浴でぽかぽかに

洗面器にお湯を張るだけで手軽に行える部分浴。体を温めるだけでなく、リラックス効果も。ぐずったらやめましょう。大人には少し熱めのお湯に精油を入れてアロマバスにしても。

足浴

足首まで 39 ～ 40°Cの心地よい温度の湯につけます。全身の血の巡りがよくなり、体の冷えが改善されます。お湯の温度が下がったら、そのつど足し湯をして汗ばむくらいまで、5 分以内が目安。

手浴

手首まで 39～40°Cの心地よい温度の湯につけて2～3分温めます。頭痛の緩和や緊張をゆるめる作用も期待できます。5 分以内が目安。

発熱

原因は、風邪、インフルエンザ、突発性発疹、ヘルパンギーナ、溶連菌感染症などさまざまで、ウイルス感染の場合も。赤ちゃんの平熱は大人より高め。食事や水分が摂れて機嫌もよければ、少し様子を見てもいいでしょう。高熱や何日も熱が下がらない場合は受診しましょう。

発熱をして免疫をつける

40℃まで体温が上がることはよくあるので怖がらないで。熱が出るのは、体が病気とたたかう力がある証拠。熱を出すことで免疫力をつけていきます。**発熱は一晩でおさまることが多いので、大人も一緒に寝て、体を温めて**あげましょう。手足を温め、脱水にならないように水分は十分に。41℃を超える発熱はすぐに病院で受診して。

室温と湿度を快適に保つ

熱があるときに**特に注意したいのは、室温と湿度。**室温は26～27℃、湿度60％以上が基本です。冬は温かく、夏は冷やしすぎないように。加湿器を使ったり、洗濯ものを室内で干したり、また洗面器にお湯を張っても湿度を上げることができます。

オリーブリーフが熱に作用

授乳中の場合、**市販のオリーブリーフのカプセルをママが飲む**といいでしょう。オリーブリーフは天然の抗生剤と呼ばれ、母乳を通して赤ちゃんの熱を下げてくれることが期待できます。1歳を過ぎたらカプセルからパウダーを耳かき2杯分出してはちみつを加えて口に入れてあげても。同時にビタミンCを多めに摂取することで、回復を早める効果が期待できます。

鼻水

風邪のときに出やすい鼻水、鼻詰まり。体が冷えたときに鼻水を流すこともあるので、その場合は体を温めて改善を。鼻が詰まって食欲が下がる、元気がなくなる場合は別の病気の可能性も。鼻水が出たら、赤ちゃんをよく観察して対処しましょう。

手足を温めましょう

鼻水は早めに取り除いて、呼吸をラクにしてあげましょう。肌が荒れやすいので鼻をゴシゴシとこするのは禁物。奥まで詰まっている場合は、ベビー用の**鼻水吸引器を持っていると重宝**します。水っぽい鼻水は、冷えが原因のこともあるので部分浴（P92参照）で手足を温めることも有効です。

よしよしマッサージ

かわいいネーミングのマッサージ。44回でなくてもいいのですが、このくらいの回数をさすると大人もリラックスし、赤ちゃんの体も温まります。

咳

咳の原因はさまざまで、風邪、気管支炎、肺炎、ぜんそくなどの病気が原因のもの、または寒い季節は乾燥からくる場合もあります。部屋の湿度を上げ、水分補給を。また縦に抱っこをして体を起こしているとラクになる場合が多いです。長く続く場合や苦しそうな場合は受診を。

マッサージ&温冷シップで

まずは赤ちゃんの背中を44回さすって手を止める**「よしよし（44）マッサージ」でリラックス**。体が温まり、赤ちゃんと親の両方の緊張をゆるめられます。また**横隔膜から下をタオル温シップ、上をタオル冷シップ**（P110参照）で、咳がおさまりやすくなります。

嘔吐

赤ちゃんは胃の機能が未発達であることから、よく吐いてしまうものです。時には噴水のように大量に吐き、驚くことがあるかもしれません。嘔吐の原因は主に食中毒と菌。吐いた量やその後の様子をよく観察します。気をつけたいのは脱水症状。一気に水分を飲ませるとまた嘔吐することがあるので、少しずつ回数を多めに。嘔吐物の色が赤や濃い緑色の場合や、ぐったりしている、反応が鈍い場合は早急に受診を。

オリーブリーフを飲ませて

食中毒が原因の場合、背中をさすって吐かせます。その際、嘔吐物が気管に詰まらないように注意。体が異物を出すため、吐いてしまえば心配いりません。菌が体に入った場合、1歳を過ぎたら**抗生剤と同じような働きをしてくれるオリーブリーフを飲ませる(P93参照)**のがおすすめ。はちみつで甘みをプラスすると、子どもも喜んで飲んでくれますよ。

誤飲

窒息する可能性のある大きさはトイレットペーパーの芯くらいの直径が目安。何を飲みこんだか、大きさや量も確認しましょう。鋭利なもの、薬品など吐かせないほうがよいものもあるので、判断がつかない場合は急いで病院へ。

動き出す月齢が危険

赤ちゃんの手の届くところに、危険なものは置いていないですか？ハイハイが上手になって、指先が器用になる**7~10か月くらいがいちばん気をつけて欲しい時期**です。つまんで口に入れられる大きさのものは絶対に置かないように。

吐かせ方

1歳くらいまで

赤ちゃんのあごが大人の手首にくるように、腕に赤ちゃんをのせます。手でしっかりと頭を支え、頭を体より低くして、もう一方の手のひらで背中をたたきます。

1歳以上

立てひざに子どもをうつぶせにしてのせ、みぞおちを圧迫します。子どもの頭を低くし、背中を手でたたきます。

便秘

月齢が上がるにつれて消化器官が発達し、排便の回数が減ることが多いです。何日か出なくても機嫌がよく、おっぱいやミルクをいつも通り飲んだり、ごはんが食べられているなら様子を見ましょう。ずっとうんちが出ず、いきんで苦しそうにしている状態は便秘です。下記の方法で改善しない場合は、小児科に相談して、浣腸などの対処法を。

水分&食物繊維を摂り肛門を刺激

おっぱいやミルクなどの水分をたっぷり摂り、食事ができる月齢の子には食物繊維の多い野菜やきのこを食べさせて**生活習慣の改善をしましょう**。また、**ベビーオイルを含ませた綿棒をおしりの穴に2㎝ほど入れて刺激**し、排便を促す方法も。加えて下記のおなかのマッサージをぜひ試してみて。

おなかのマッサージ

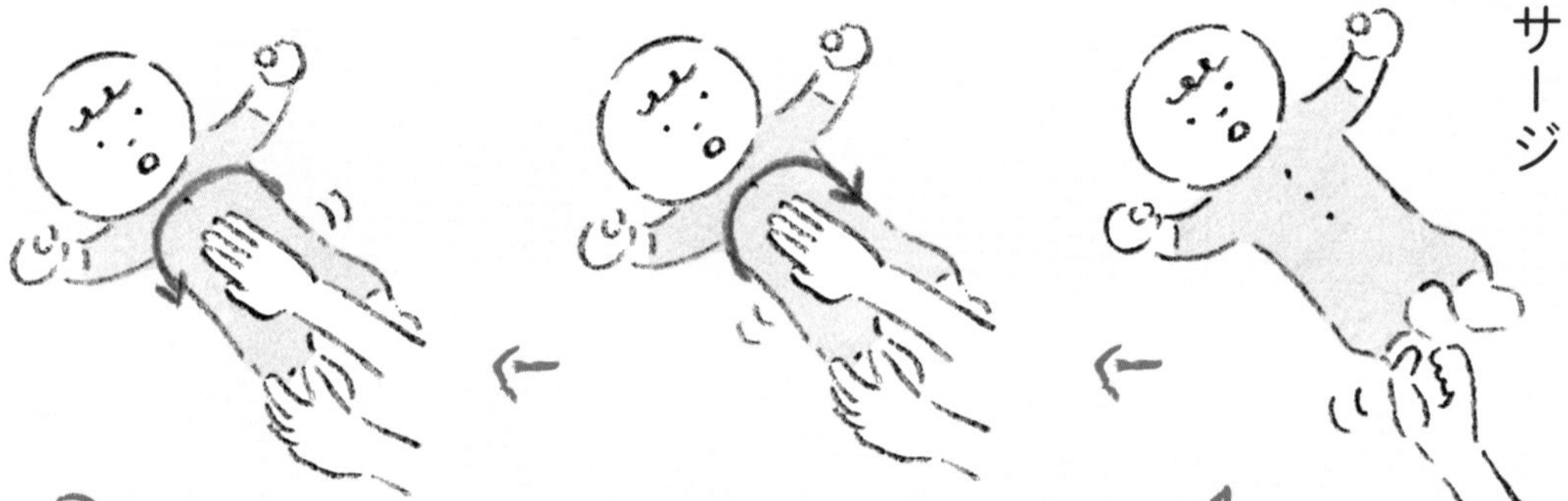

1

寝かせている赤ちゃんの右足首を持ち、かかとをやさしく10回程度引っ張ります。便秘の子は右足の裏筋が縮こまっているので、伸ばしてあげましょう。

2

赤ちゃんのおなかにふわっと手を当てて左に3回くるくるまわし、腸をゆるめます。

3

少しだけ力を入れて、右にくるくる腸に沿ってさすり、排便を促します。便が動いた感じがするまで続けて。

下痢

急性胃腸炎、風邪が原因のこともありますが、大人と同じで、食べたものや体調により、便がゆるめのときもあります。多少下痢をしていても、機嫌がよく、おっぱいやごはんもいつも通りなら大丈夫。下痢が続く場合、ほかの家族も同じ症状がある場合は、細菌やウイルス感染の可能性もあります。

まずはおなかを温めて

赤ちゃんのおなかにママやパパの手を当てて、温めてあげましょう。いつでもどこでもできる方法です。おなかに力が入っていれば、それほど心配はいりません。食事内容や赤ちゃんの変化を思い出し、原因を探ることも大切。また**うんちが白い場合はロタウイルスなどの原因**が考えられますので、おむつの中もしっかり確認を。

いつものごはんはいったん停止

赤ちゃんごはんがスタートしているときに下痢になったら、いつものごはんはストップして、**固形物は避け、胃腸を休めましょう。**気をつけたいのは脱水症状。**こまめな水分補給が必要**です。おっぱいやミルクなども含め、水分が摂れないときはすぐに病院へ。

ママやパパの手で保温

おなかに手を当てるだけでぽかぽかと温まって、よくなることもあります。触ってもらうことで、赤ちゃんも安心できますね。大人の手が冷たければ、タオル温シップ（P110 参照）などで温めて。

発疹・湿疹

肌に出るプツプツは、発疹や湿疹といわれるもので、赤ちゃんがかかる代表的な発疹は突発性発疹。ほかにははしか、風疹、手足口病、溶連菌感染症、りんご病など。湿疹の代表的なものはアトピー性皮膚炎。月齢が低い赤ちゃんは、角質層ができあがっていないため、肌はとってもデリケート。悪化しないように早めの対処が必要です。

乳児によく出る発疹と湿疹

多くの赤ちゃんがかかる**突発性発疹は特に何もしなくても問題ありません**。熱が下がったあとに発疹が出て、この病気だったとわかります。生後6か月くらいからかかる場合が多く、ママの体からもらった免疫が切れたことの証です。**生後1か月ころに出る乳児湿疹はそれほど気にしなくて大丈夫**。頭に出る脂漏性湿疹の場合、大豆アレルギーが原因の子も多いようです。授乳中の場合はママの食事も気をつけてみて。

カンジダ菌が原因のものも

首の皮膚の間などがかぶれて赤くなり、白くモロモロしたものがあるときは、**カンジダ菌が原因**であることも。あせもと見間違うこともありますね。丁寧に洗ってあげ、オリーブリーフのカプセル1個からパウダーを出し、お茶のように湯100mlで溶かしてを患部に塗ります。ひどくなる場合は受診を。また**鵞口瘡《がこうそう》と呼ばれる口の中にできる白いプツプツもカンジダ菌が原因**。おっぱいやミルクかすと違い、綿棒で取ろうとしても取れません。免疫力が落ちているので、受診してゆっくりと休ませてあげてください。

タオル冷シップとミトンで

かゆみがある部分には**タオル冷シップ（P110参照）**を患部に当てます。ひんやりして、つらさもやわらぎますよ。皮膚をこすらないように長袖の服を着せて、**新生児から4か月くらいまでならミトン**をさせましょう。かき続けると悪化するので、かかせない工夫が必要です。

虫刺され

乳幼児の肌は特に敏感で、刺されたら強い腫れが出る赤ちゃんも多いです。特に夏場の蚊は大敵。とにかく蚊に刺されないようにするのが大事です。

冷やしてかゆみを緩和

刺されてしまったら、水で冷やしてあげると、かゆみがやわらぎます。また虫よけには安心な成分で作る自家製スプレー(下記参照)がおすすめ。材料を混ぜるだけで手軽に作れます。体にやさしい成分で、子どもの肌を守ってあげましょう。

虫よけスプレーを作ってみよう

①アルコール…5ml
②ペパーミントの精油…3滴
③水道水…30ml

虫よけ効果のあるペパーミントの精油3滴とアルコール5mlをよく混ぜてから、水30mlを加えて薄めます。使用する場合は洋服や帽子、ベビーカーにつけて、肌に直接かからないようにしてください。精油の原液は肌につけないように。そのつどよく振って使い、1か月ほどで使い切ってください。シトロネラ、レモングラスの精油にも虫よけ効果があります。

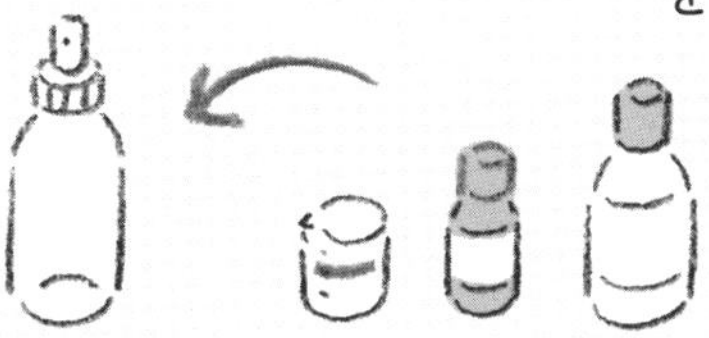

おむつかぶれ

おしりや性器周辺が炎症を起こした状態で、おむつのむれ、うんちや尿でかぶれるほか、食べ物が原因のことも。ひどくなると赤くただれて血がにじむこともあります。おしりを清潔にし、乾いた状態をキープしましょう。おしりふき専用のコットンなど、肌にやさしい質のよいもので拭いてあげて。

びわ茶でおしりを洗って

原因が排泄物による炎症だけでなく、卵や大豆のアレルギーのこともあるので、かぶれがひどいときは食事内容もチェックしましょう。頻繁におむつを替えるのはもちろん、おしり浴（P19参照）に**消炎効果のあるびわ茶葉**を煮出したものを加えてもいいでしょう。**びわの茶葉のティーバッグ2パックを湯500mlで煮出して少し冷まし、湯1Lの入った洗面器**に加えます。夏場なら、お風呂場で遊ばせながらおしりをよく洗えば、子どもも喜びますよ。

ケガ

体を動かす機能が未熟な赤ちゃんは、頭が重くバランスをとりにくいので、頭をぶつけることもしばしば。すぐに泣き、いつも通り過ごせるなら大丈夫ですが、数日のうちに嘔吐したら至急病院へ。血が出ていないか、こぶやあざができていないかも確認しましょう。骨折で手足がだらりとしている場合、また大量出血、歯が折れている場合は病院へ急いで。

キャリアオイル2種で

かすり傷なら、ケガした箇所を触ってあげて「痛いの痛いの飛んでいけ」で、子どもは泣きやんですぐ元気になりますね。血が出ている場合は止血し、切り傷やすり傷は砂などを水で洗い流してから、ばんそうこうで保護します。**ショックをやわらげるアルニカオイル、炎症に効果があるカスターオイル（ともにP111参照）の順に適量をケガに塗ると、早い治癒が期待できます。**皮膚に炎症があった直後に使うほど効果的。

冷やす？ 温める？

ケガや病気のとき、冷やしたらいいか温めたらいいか迷うことがありますね。**痛みがある場合は炎症部位を冷やす、その他の場合は予後がよくなるので、温めます。**温めたところの血流がよくなって、自然治癒が進みやすくなります。

危険箇所の確認を

新生児期はきょうだいが抱き上げてケガをさせたり、誤って上からものを落とす事故に注意を。それを過ぎるとベッドや階段からの転落や、扉で指を挟んだりすることも多いです。寝かせるときはベッドの端に寝かせずに、安全な真ん中に。**マンションに住む方は窓やベランダも要注意。**踏み台になるものは置かないように。また、すぐだからと自転車に子どもを乗せたまま置き去りにしないようにし、急いでいてもきちんと自転車から降ろしましょう。

日焼け

赤ちゃん期も幼児期も外に出て太陽に当たることは大切ですが、強い紫外線には要注意。赤ちゃんでも肌の弱さは個人差があり、肌の炎症具合もさまざま。赤ちゃんは角質層ができるまでに時間がかかるので、日焼けしてすぐ赤くなる肌の弱い子にはＵＶケアが特に必要です。

米ぬか風呂で炎症をやわらげる

日焼け止めクリームは赤ちゃん専用の肌にやさしいタイプを選びましょう。日焼けしてしまったら、肌をしっとりさせ、ダメージの早い回復を期待できる米ぬかのお風呂がおすすめ。**お茶パックに米ぬか適量を入れてお風呂に入れる**だけ。それを3〜4つ入れると効果的。お米のとぎ汁ならもっと手軽です。

※給湯機器の機種によっては故障につながることもあるので、取扱説明書をご確認下さい。

おすすめのアイテム

生まれてすぐの赤ちゃんもママも使える、さらりとなじむ乳液タイプ。洗い流すときはクレンジング不要で、低刺激洗浄料でＯＫです。SPF23、PA++。ママ&キッズ　UVライトベール 90ml ／ナチュラルサイエンス

やけど

熱いお茶をこぼした、ヒーターに触れた、電気ケトルに手を伸ばした、など危険な場面は多いもの。危ないところには入れないようにベビーゲートを使うのも有効的です。広範囲のやけど、状態がひどい場合はすぐに受診を。お風呂でのやけども多いので、温度確認は毎回必要です。

冷やして痛みを緩和

やけどをしたらとにかくすぐ氷水で冷やすこと。そのとき、**3％の濃度になるように塩を入れるのがポイント**です。ジンジンとした痛みがおさまるまで、冷たい塩水に患部を浸します。浸透圧の関係で、内側から水分が出ていき、水ぶくれになりにくくなります。その後、痛みをやわらげる働きのある**セントジョーンズワートオイル（P111参照）を適量塗りましょう。**

産後ママのホームケア

産後、体と心の不調を感じる人はとても多いです。無理をせず、リラックスしてしっかりと休みましょう。

悪露《おろ》が多い

悪露とは、産後子宮からはがれ落ちた子宮内膜や胎盤などの分泌物の総称。2週間ほどで減りますが、出血が続くと貧血にもつながります。

体を休ませ シャンプーもストップ

家事などで動きすぎると出産でダメージを受けた骨盤底筋が回復しにくくなり、悪露が多くなって子宮が下がってくることも。目を疲れさせず、首の裏をタオル温シップ（P110参照）で温めると、血の巡りがよくなります。目、頭蓋骨、骨盤など、体はすべての関節や筋肉でつながっているので、シャンプーの刺激が骨盤にも影響し、悪露の上がりが悪くなる原因になることも。

会陰が痛い

会陰とは、膣口と肛門の間、そのまわりのこと。出産時、膣や会陰が裂けないために、あらかじめ会陰に切り込みを入れる場合があります。会陰の皮膚がやわらかく伸びがいいと、切る必要がありません。

キャリアオイルと精油で保護

切開後、数日間は痛みがありますが、その後段々とやわらぎます。**カレンデュラオイル30mlに、精油のラベンダーとサイプレス各3滴（合わせて1%未満）をよく混ぜたものを産褥パッドに塗り、患部に当てると、**むくみや腫れが緩和されます。またアルコール5ml、サイプレスまたはラベンダーの精油3滴を合わせて乳化させ、水100mlを加えて混ぜたもので患部を洗い流すのも有効です。

オイルと精油の力で

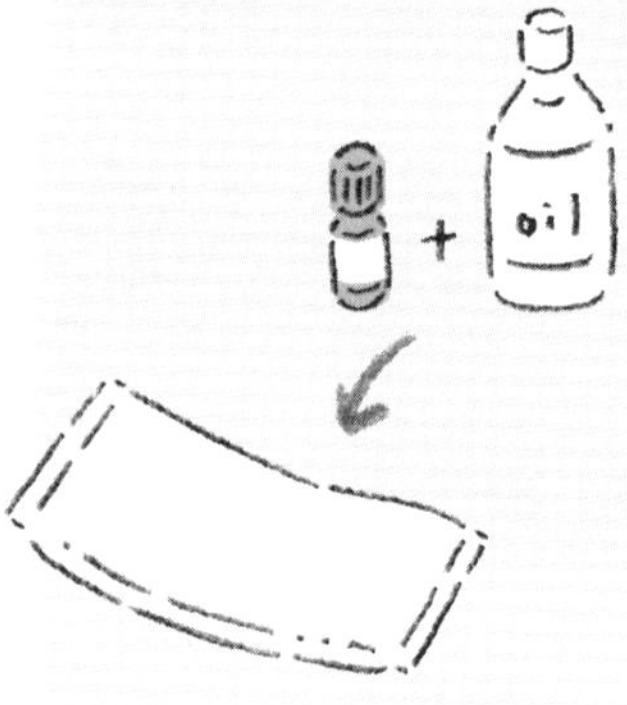

患部に当てると、痛みの緩和が期待できるケア。必ずオイルと精油をよく混ぜてから産褥パッドに塗ります。直接原液の精油が肌に触れないように注意してください。

目の疲れ

産後はいつもより体が疲れやすいもの。子育て以外のことをする↓睡眠の質が悪い↓頭がすっきりしない↓ホルモンバランスが乱れる↓目が疲れるという悪いループが原因です。産後2年くらいは眼精疲労やかすみ目を感じる人が多いです。産褥期には目を使いすぎると、目の奥が痛くなることがあるので、目を使わないのがいちばん。目をつぶって、目と体を休める時間を作りましょう。

ストレスが大敵！

本を読むことは控え、テレビやスマホの見すぎに注意。ストレスも関係しているので、**不要な情報は頭に入れないこと**です。ストレスに対抗するホルモンであるコルチゾールの分泌が増え、本当にコルチゾールが必要なときに出なくなります。可能なら自然の中に身を置くこと。目と首の両方をタオル温シップで温めて、**血行をよくする**のもいいですね。

目と首の温シップ

目と首にタオル温シップ（P110参照）を当てるだけと手軽なホームケア。5分ほどで、とても気持ちよく、リラックスできますよ。

抜け毛・パサつき

出産後の抜け毛、パサつき、コシがなくなるなど髪の毛に関する悩みもよく出てきます。それはホルモンバランスが崩れ、女性ホルモンのエストロゲンが減るから。髪や頭皮への刺激を抑えましょう。

産後はシャンプーなしで

産後は頭に水をつけること自体が刺激に。**シャンプーなしで過ごすと、髪が抜けにくく、髪質がしっかりしてきます**。産後3週間、もっと長い期間が可能であれば1か月から6週間はシャンプーを控えて。ベタつきが気になるときにはお湯で洗う湯シャンで汚れは十分落ちますよ。お風呂上がりに、発毛効果が期待できるセントジョーンズワートオイル（P111参照）を頭皮に塗りましょう。

骨盤がぐらつく

出産によって開いた骨盤のぐらつきを感じることもありますね。骨盤がぐらついていると、背筋や腹筋のバランスが悪くなって腰が痛くなったり、猫背になったり、太りやすくなったり。日々の暮らしで困ることが多くなります。

ストレッチと母乳で骨盤をしめる

手軽にできる呼吸法（下記参照）とストレッチ（P105参照）で、骨盤を整えましょう。産後1か月くらいから接骨院や助産院に相談してみるのもよいでしょう。**赤ちゃんにおっぱいを飲んでもらう**ことでも、出産で開いた骨盤はしまります。

骨盤呼吸法でゆがみを直す

数分間ゆっくり続けると、骨盤周辺の筋肉も鍛えられ、姿勢を正しくキープできるようになりますよ。

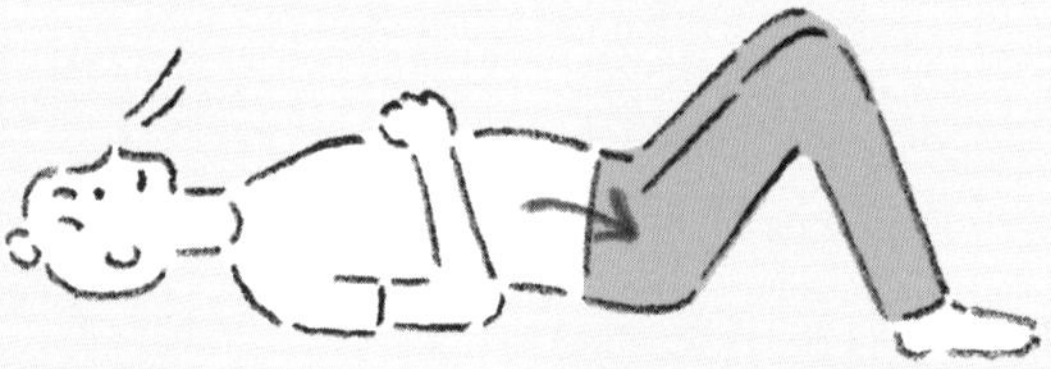

1

あおむけになって両ひざを立てます。鼻から息を吸っておなかをふくらませ、腰骨を前に押し出すようにして骨盤を恥骨のほうへ傾けます。腰が少し反ったようになり、床と腰の間にすき間ができるようにしましょう。

↓

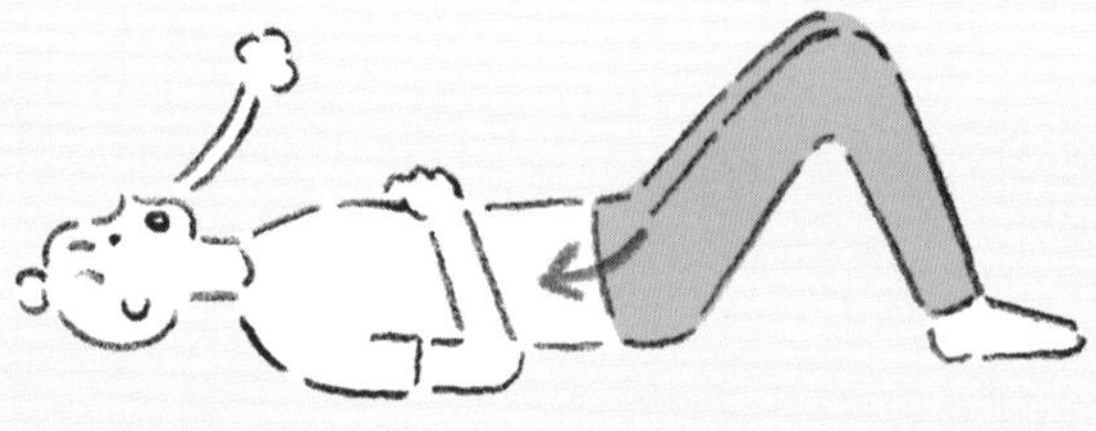

2

口からスーッと息を吐きながら、おなかをグッとへこませます。骨盤はみぞおちの方向に傾けるようにし、同時に腰が床にぴったりつくようにします。

骨盤ストレッチ

足を上げることで、両足の長さをそろえ、骨盤をしめることができます。呼吸を意識して行います。

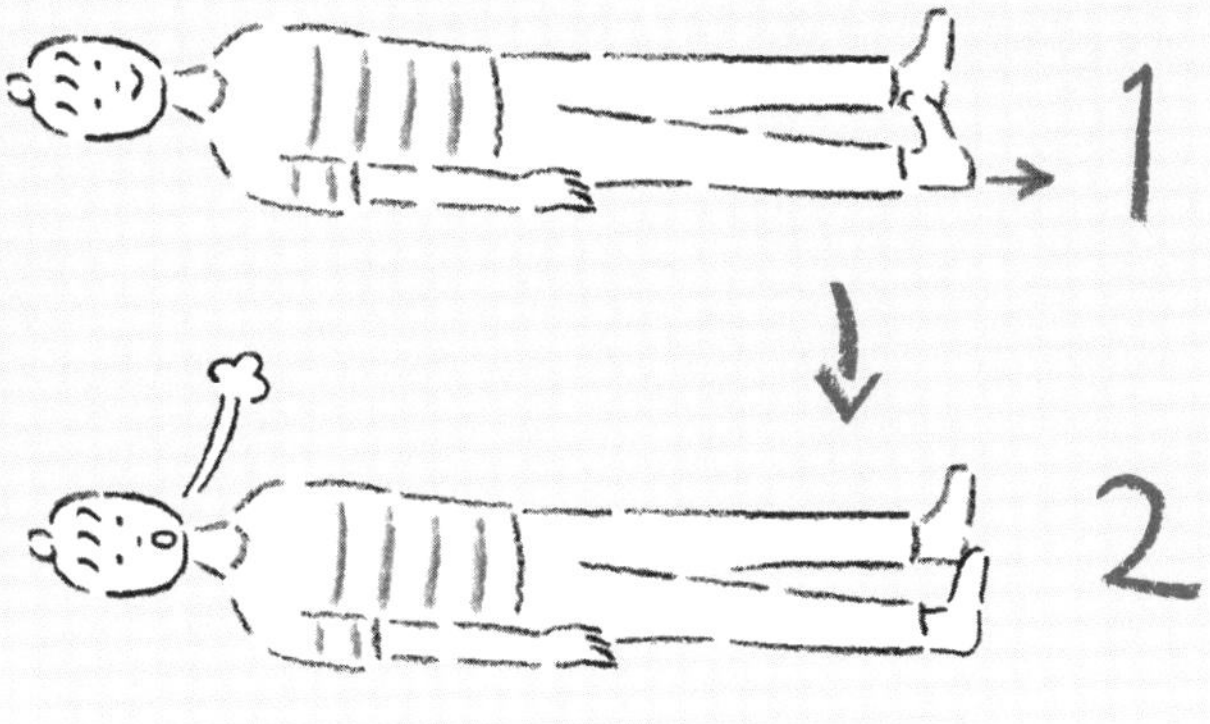

1 あおむけに寝て、足を軽く開きます。右足のつま先を立てて、かかとを遠くに押し出すようにグッと伸ばします。

2 ハッと息を吐きながら、足の力をゆるめます。反対側も同様に。

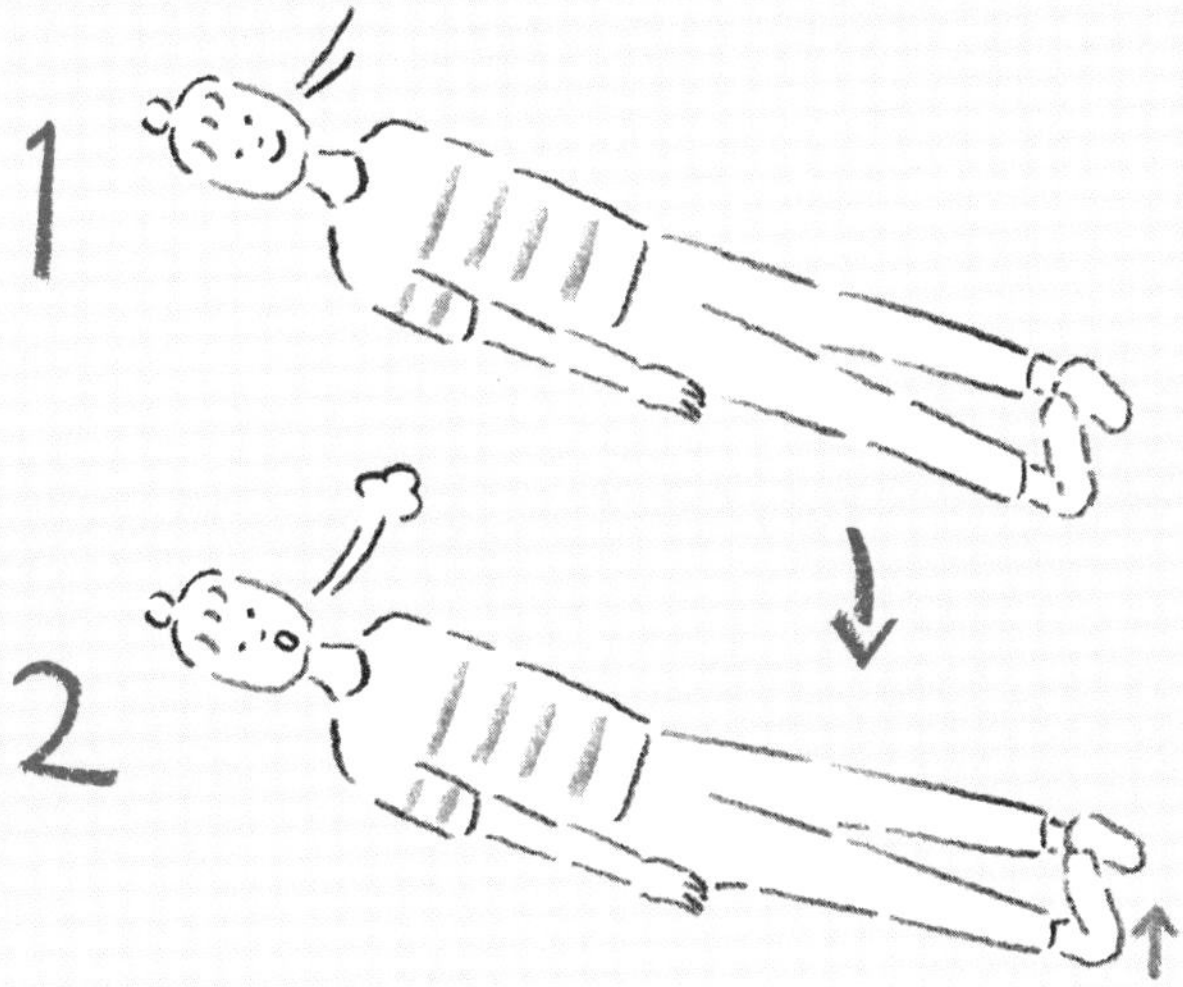

1 あおむけに寝て、足を軽く開きます。両足の親指をくっつけて、おなかを意識しながら大きく息を吸います。手は力を入れず、手のひらを下にして床に置く程度。

2 息をゆっくり吐きながら、両足を10cmほど上げます。息が続かなくなったら、足をすとんと下ろしましょう。仕上げに深呼吸を3回して、呼吸を整えます。

震え

産後、寒気や悪寒を感じて、歯がガタガタするほど、急に震え出すことがあります。「悪寒戦慄《おかんせんりつ》」と呼ばれ、自律神経の乱れや免疫力が下がっているためで、さほど不安にならなくて大丈夫です。

体を温めることが有効

10日以内にはおさまることが多いです。**温かいものを食べたり、服を多めに着るなどして、温かくして過ごしましょう。** 震えの後に発熱することもあり、原因が出産後の疲れである場合はすぐに解熱しますが、どんどん上がる、何日も続くという場合は受診が必要です。産褥熱《さんじょくねつ》や髄膜炎の可能性もあります。

眠れない

ホルモンバランスの関係や赤ちゃんのお世話で不眠になることも多いですね。夜中にミルクを作る人はいったん起き上がると、なかなか寝つけないこともあるでしょう。本来ママの体はホルモンの影響で短時間でもよい睡眠が得られるようになっています。子育てする上で、質のよい睡眠をとってママが元気でいることはとても大切なことです。

不要なストレスはなしに

スマホの使いすぎ、本を読むなど、目や頭を使っている人は脳が冴えてしまって眠りにくいです。また不要な心配やストレスはありませんか？睡眠の質を落としてしまうので、**もちろんお酒はＮＧです。**授乳中も飲め、**不眠解消におすすめなのはセントジョーンズワートのハーブティー。**寝る前のほっとするティータイムで、安眠効果も期待できます。

ハーブティーで不眠解消

セントジョーンズワート（セイヨウオトギリソウ）のハーブティーは、寝る前に飲めば、不快感をやわらげ、よく眠れる作用が期待できます。
※服薬中は、影響が出る場合があるので、主治医に確認してください。

イライラする

体の疲れ、心の疲れ、ホルモンバランスの乱れ、赤ちゃんを守ろうとする本能的なものなど、産後は特にイライラすることが多いものです。

原因を見極めて対処

自分のペースにならずにイライラしている場合、**子ども主体で物事を考えてみましょう。**赤ちゃんは自分の思い通りにならないものと思えたら、イライラも減ります。忙しすぎてイライラしている場合は、**ほかの人の手を借りて子育てをする**ように。食べることでストレスを軽減する人がいますが、血糖値が上がる⇕下がるを繰り返すことで、余計にイライラしてしまうので、おすすめしません。上手にイライラの解消をして。

気分が落ちる

ホルモン値が下がると、自分で感情のコントロールをすることは難しいものです。「全部ホルモンのせい」なんだと考え、ゆったりと構えましょう。まわりの人に話を聞いてもらう、助けてもらうことも重要。眠れない、毎日がつらいなど、産後うつの症状かもしれないと思ったら、早めに病院へ。早期に発見し、治療することがママと赤ちゃんにとって大切です。

メラトニンを食べもので増やす

バナナ1本、赤身肉50g、ナッツ10粒、納豆1パックなど、トリプトファンを多く含む食べものを朝ごはんに食べるのがおすすめです。

食べものと温シップで解消を

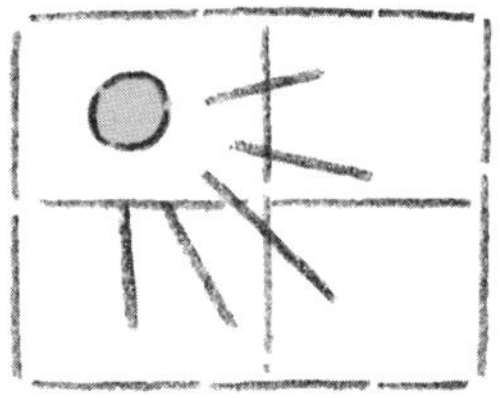

朝日を浴びることで、精神を安定させるセロトニンというホルモンが増えて、気分の落ち込みが解消されます。それが夜にメラトニンに変わると体がきちんと休まるのです。メラトニンに変化するトリプトファンを多く含む食品を食べましょう。**タオル温シップ（P110参照）で首と目を温めれば（P103参照）、リラックスできます**よ。まじめにやりすぎず、肩の力を抜きましょう。

集中力がない

産む前はできていたのにと思うかもしれませんが、産後は体のシステムが集中力をなくしているので、自然なこと。産後2年くらいで元に戻ることが多いようです。

ホルモンのせいなのです

プロラクチンというホルモンが関係しており、産後の体は子育てをするために作られています。脳が疲れてしまうスマホやパソコン作業は控えめにしましょう。集中力を必要とすることはなるべく避けて。

column

リフレッシュタイムのプレゼント

海外ではパパから産後のママに、ランチやティータイムとアロマテラピーがセットになったコースをプレゼントすることがあります。子育てにリフレッシュは絶対に必要！　少しでも自分のために時間を使えると、気分がよくなりますね。カフェでコーヒーを1杯飲むだけでもいいのです。逆に赤ちゃんと離れたくない人は、無理に離れる必要はありません。赤ちゃんを連れてできるリフレッシュ方法を見つけましょう。

胸のたるみ

妊娠中、授乳中、大きく張っていた胸。授乳期が終わったら、ハリがなくなり、たるみやしぼみを感じ、バストの形が悪くなったという声も聞こえてきます。これは授乳時に搾るなどして、必要以上に出しすぎたことも原因として考えられます。

ストレッチで胸を形状記憶

そんなときは**バストアップのストレッチが有効**。バストの変化を感じたら、このストレッチで胸を形状記憶させます。背中から肉を寄せ、胸の位置を上げ、美しいバストラインを目指しましょう。

バストアップストレッチ

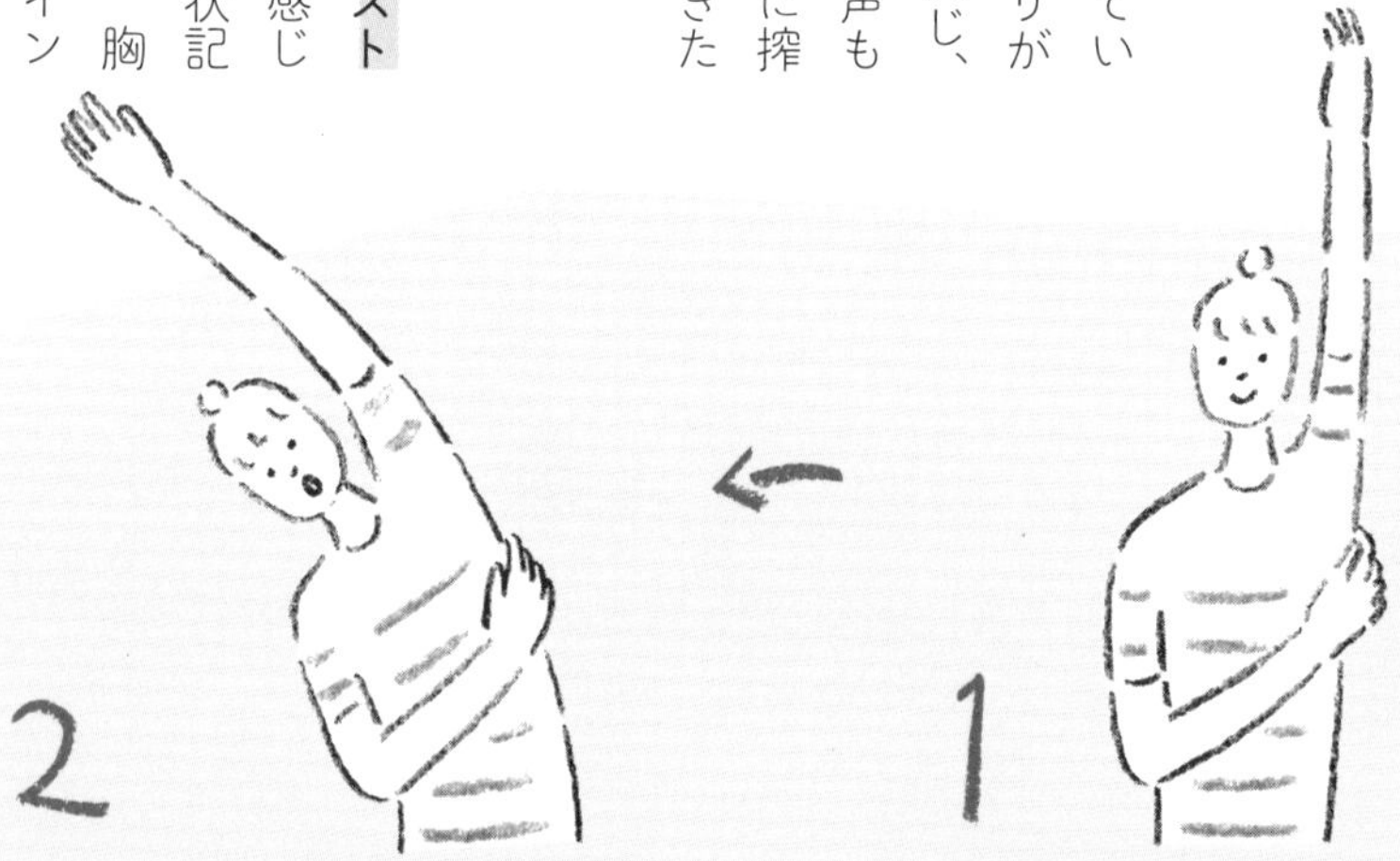

1
左手は真っすぐ上へ上げ、手のひらは体側に向けている状態にします。右の手で、背中の肉をしっかりすくい上げ、左胸のほうにグッと寄せます。

2
①で上げた手のひらを体の後ろ側に向けるようにひねりながら、イラストのように右側に体を傾けます。そのまま10秒止めて右手をパッと離します。このとき、左側側面をしっかり伸ばすのがポイント。逆の胸も同様に。

首のこりと痛み

ママは日々の子育てで、特に首がこったり痛くなることが多いですね。血行の悪さ、同じ姿勢での授乳やお世話などが原因です。首は脳幹や呼吸をするための器官など生命の中枢がある大事な体の一部なので、不調は早めに解決を。

温シップやストレッチで解消

首は体と頭をつないでいます。首がこっていると頭の指令が体にいかず、思うように動けないことも。タオル温シップ（P110参照）で首を温めると、血行がよくなり、こり解消にも役立ちます。ほかには首のストレッチもいいですよ。例えば首を右側にまわすと痛い場合は、左側にいつもより少し深めに、息を吐きながら2回まわします。これは痛みを増長しないストレッチで、右側にまわしたときの痛みがやわらぎます。

足のむくみ

血液の循環が悪く、水分が排出できない状態がむくみ。ママは授乳や抱っこで長い時間同じ体勢をとったり、運動不足によって、リンパの流れが悪くなりがち。適度な運動と体の水分コントロールが、むくみ解消のカギです。

マッサージとたっぷりの水で

下のイラストのようにして**脚をマッサージ**。リンパの流れをよくし、むくみは早めに解消しましょう。足だけでなく、体もむくむ人は水分不足の場合も少なくありません。むくむからといって水を摂らないと、体が足りない水分をためこもうとして逆効果に。**怖がらないで水をたくさん飲んで**ください。

むくみ解消マッサージ

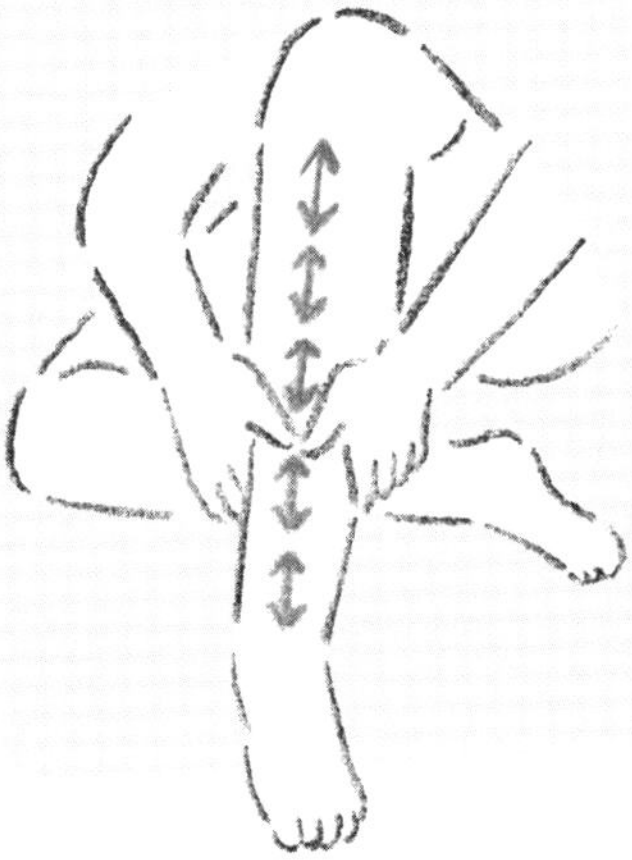

すねの骨に沿って、両手の親指で少しずつ小刻みに上下に動かしながら、下に向かって押します。足首までやったら、指に力を入れて、ふくらはぎを押しながら上に向かって、ひざ裏まで刺激します。もう一方の足も同様に。

便秘

母乳のために水分が不足したり、体を動かす機会が少なかったりで、産後ママにはつきものの便秘。子育てに慣れていないことが原因の緊張や睡眠不足から、腸の働きが鈍くなり、便が出にくい状態になることもありますよ。

腸内環境の改善を

水をたくさん飲む、食物繊維を多く摂ると腸内環境がよくなります。さらに免疫力も上がります。便がスムーズに出ていると体も心もスッキリ。効果的なのは解毒作用があり、**便秘にも効果があるカスターオイル（P111参照）を使ったタオル温シップ**（P110参照）。湯で湿らせたタオルにカスターオイル適量をたらしておなかに当てましょう。赤ちゃんと同じようにおなかのマッサージ（P96参照）も実践してください。産前から便秘の人は、体質改善のチャンスですよ。

痔

妊娠中から産後まで、痔で悩むママは多いですね。血液が停滞するうっ血や便秘、出産時のいきみが原因のことがあります。また痔の人はもともと心臓など循環器系が弱いことも多いです。

自家製万能クリームやツボが効果的

収縮作用のある**サイプレスの精油4滴を万能クリーム（P111参照）全量に混ぜて、おしりに塗っても効果的。**腕を反対側の手で上下にさすったり、小指をつまんだりして、血行もよくしましょう。また頭頂部にある万能なツボ、**百会《ひゃくえ》。経絡で肛門につながっているため、押す**と痔の痛みがやわらぎます。

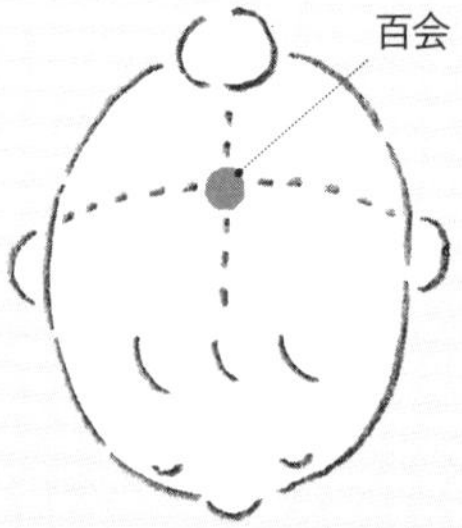

百会の場所は頭のてっぺん、少しへこんだ部分が目印。痔の人は押すとジーンと感じるところです。

タオル温&冷シップの作り方

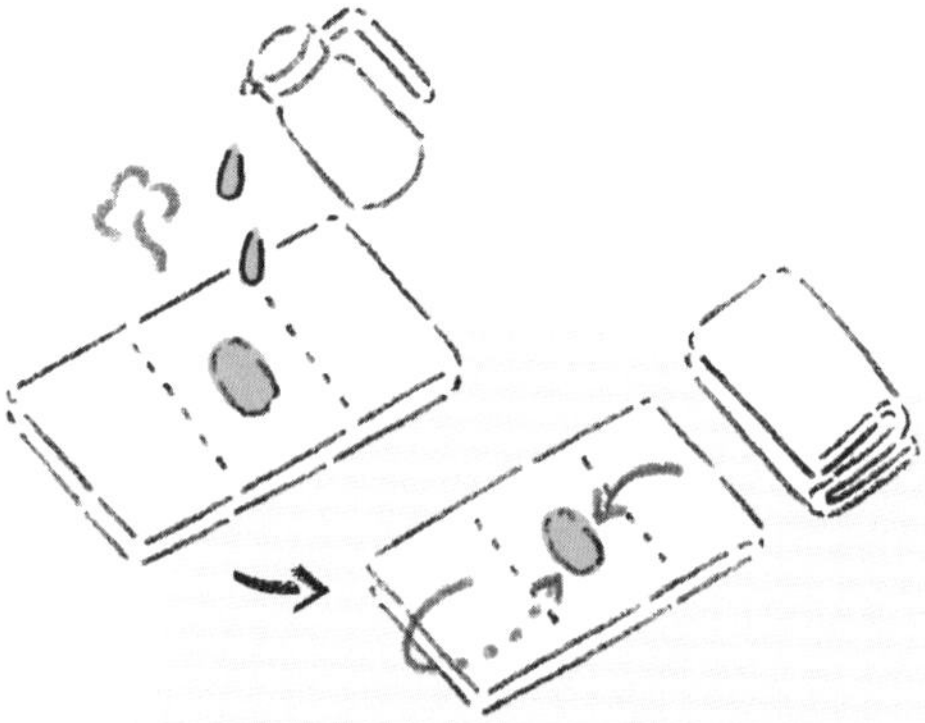

乾いたタオルに何滴かお湯をたらして、濡れた部分を内側になるように折りたたみます。ポイントは肌に当たる部分が濡れないくらいの量をたらすこと。この温シップはまわりが乾いていると冷めにくいのがいいところ。同様にして冷たい水で冷シップが作れます。

下痢

消化不良、食中毒、食あたりのほか、体の冷えやストレスでも、腸の蠕動《ぜんどう》運動が活発になりすぎて、おなかの調子が悪くなります。食あたりなど食べ物が原因の場合は下痢を無理に止めず、便を出し切りましょう。冷えが原因の場合、しっかりと温めることが大切です。

温シップで調子を整える

タオル温シップ（上記参照）でまずはおなかを温めて。お湯とタオルがあれば、場所を選ばずできて便利。目の疲れ、肩こり、頭痛、便秘にも効果的です。また、足浴（P92参照）でひざ下までしっかりとつかれば、体がぽかぽかになって、下痢の解消も期待できます。

ホームケアに便利なアイテム

ホームケアに有効な精油には植物の成長する力や生命力が凝縮されています。原液は直接肌につけないように注意を。

キャリアオイル

精油を薄めるときに使われるキャリアオイルもそれぞれ効能があり、持っておくと便利です。赤ちゃんがいるご家庭におすすめはこの4種。

アルニカオイル

炎症や痛みを鎮め、血の巡りをよくしてくれます。肩こりや腰痛、筋肉痛、打ち身などに。

カレンデュラオイル

傷ついた皮膚を保護する働きがあります。風疹やはしかなどの発疹に、軟膏代わりにそのまま塗ることもできます。

セントジョーンズワートオイル

鮮やかな赤色。体の痛みをやわらげる力があり、やけど、筋肉痛、頭皮や肌のトラブルに。

カスターオイル

ひまし油ともいわれるこのオイル。便秘、打撲、乳腺炎、関節の痛みにも使われます。

精油

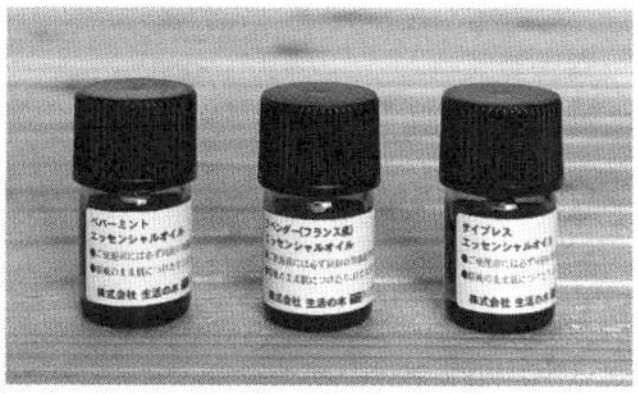

ペパーミント

清涼感のあるお馴染みのペパーミント。炎症を鎮めたり、痛みをやわらげてくれる作用が期待できます。

ラベンダー

皮膚を再生させたり、興奮を鎮めてリラックス効果も。子どもにも安心して使えるマイルドな作用。

サイプレス

ホルモンの分泌を調整したり、皮膚を引き締めてくれます。ウッディな香りが特徴。

万能クリーム

子どもにも安心して使えるクリームを手作りしましょう。細胞を活性化させる効果が期待でき、いろいろな症状が治りやすくなります。傷や発疹のプツプツ、乾燥肌ケアなど効果は幅広いのがうれしい。大人なら、万能クリーム+ラップでパックにもできます。2週間ほどで使いきって。

小さめの耐熱ボウルにミツロウ5gとカレンデュラオイル20mlを入れ、湯せんにかけて溶かします。ミツロウが完全に溶けたら湯せんから下ろし、粗熱をとります。

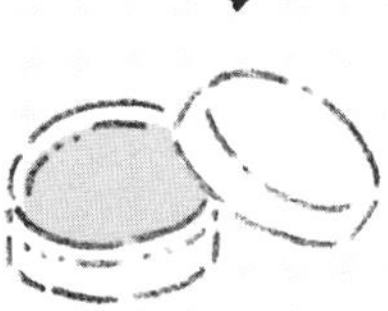

表面が固まり始めたら、ダマにならないようにゴムべらで混ぜます。白っぽくなったら、保存容器に移して。大人用には目的に合った精油を加えて混ぜ、固めても。

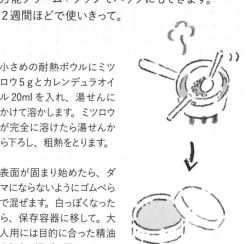

宗 祥子

松が丘助産院院長。ドゥーラ協会代表理事。中央大学法学部卒業後、中野区役所に勤務ののち、自身の出産をきっかけに助産師を目指す。36 歳で東京医科歯科大学医学部保健衛生学科に入学。母子保健研修センター助産師学校を卒業し、助産師になる。病院･助産院勤務を経て、1998 年に松が丘助産院を開業。妊娠から出産、そして育児まで、自然なお産と母子の健康のためのケア・サポートに努める。

松が丘助産院

自宅のような雰囲気のなか、家族立ち会いのもとでの出産ができる。開院当初から人気の「食の会」をはじめ、リフレクソロジーやアロマセラピーなどの代替療法や、マタニティヨガ、ベビーマッサージなどの妊産婦向けの講座も人気。

〒 165-0024　東京都中野区松が丘 1-10-13

☎ 03-5343-6071

完全予約制　緊急時は常時対応

休診日／水・日曜日（妊婦健診・母乳外来）

https://matsugaoka-birth.com

宮川明子

鍼灸師、東洋医学・植物療法研究家、シュタイナー教育研究家、アロマセラピスト、レイキマスター。お茶の水女子大学で児童心理学、言語治療学を学び、卒業後、教育カウンセリングに携わる。松が丘鍼灸指圧治療室を設立し、産前産後の女性の体づくりや母乳ケアなどを実践。松が丘治療室に加え、松が丘助産院、アロマテラピーの学校自然療法学校マザーズオフィスからなる女性のケアのための複合施設を開設。現在はスリランカにて出家中。帰国時には全国で講演を行う。

https://dhammaway.amebaownd.com/

世界一安心な赤ちゃん育て

著　者　宮川明子　宗 祥子

編集人　東田卓郎

発行人　倉次辰男

発行所　株式会社主婦と生活社

〒 104 - 8357　東京都中央区京橋 3 - 5 - 7

TEL 03 - 3563 - 5129（編集部）

TEL 03 - 3563 - 5121（販売部）

TEL 03 - 3563 - 5125（生産部）

https://www.shufu.co.jp

製版所　東京カラーフォト・プロセス株式会社

印刷所　大日本印刷株式会社

製本所　株式会社若林製本工場

ISBN978-4-391-16000-0

デザイン　野本奈保子（ノモグラム）

撮影　馬場わかな（カバー、P16～19、43～48、51、63、67、111 上、112 左）、武井メグミ（P76～85、87～88）、桑原慎一（P12～15、22～40、55、91）

ベビーマッサージ指導　大山カオル

スタイリング　石川美加子（P76～85、87～88）

イラスト　みやしたゆみ

校閲　安藤尚子、河野久美子

取材・文　松田由紀

編集　上野まどか

表紙モデル／令泳ちゃん

赤ちゃんモデル／あやのちゃん、ひであきちゃん（P19、47）

松が丘助産院で生まれた赤ちゃん＆

産後ケアでご利用の赤ちゃん（P14～40）

撮影協力

小物、衣装／オーガニカリー

☎ 03-5725-9837　https://organically.jp

ナチュラルサイエンス

☎ 0120-122-783　https://www.natural-s.jp

グランドールインターナショナル

https://www.instagram.com/farska_official

ダッドウェイ

☎ 0120-880-188　https://www.dadway.com